運を動かす力《チカラ》

自分を信じれば奇跡が起きる

風水心理カウンセリング協会　代表理事
谷口 令
TANIGUCHI REI

はじめに

自分の運を信じてください。その力が「奇跡」を起こします。

こんにちは、谷口令です。この本を手に取っていただきありがとうございます。

私は約47年以上、風水心理カウンセラーとして約3万人の方のご相談にのってきました。現在は、風水心理カウンセリング協会代表理事として風水心理学を教えたり、プロのカウンセラーを育成したり、またプロデューサーとして、たくさんの方々の人生を輝かせるためのお手伝いをしたりしています。

そして銀座と軽井沢でデュアルライフを送りながら、執筆をしたりインタビューや文化芸術事業に取り組んだり、なかなか楽しい人生を送ることができているなと思う日々です。

ですが、昔の私はいつも人目を気にするコンプレックスだらけの人間でした。誰にも相談できない悩みを解決したくて、占いに通った時期もあります。京都の霊能力者、小田原の僧、鎌倉のおばあさん、過去生を見る獣医さん、売れっこ星占いの先生。「すごい占い師がいる」という噂を耳にしては、あっちへこっちへ足を運びました。

しかし……

「結婚はできない」
「男運が悪い」
「生まれてくる娘との仲は最悪よ」
「今年はついてない」

挙句の果てに「これ（高額で悪趣味なもの）を買えば人生変わるよ」とのこと。

とにかく皆さん怖いことばかりおっしゃるのです。おまけに「あんた」呼ばわりされるし、趣味の悪い服装で、どなたも幸せそうに見えない。誰一人として、未来への希望をくれた人はいませんでした。

「もしも私がこの仕事に就いたなら、絶対に、すこしの可能性も見逃さないで、その人の未来を励まし、応援する人になる！」

占いで重くなった心と足を引きずりながら、こう思ったものです。

その後、あるご縁をきっかけに風水や九星気学、易学、観相学、命名学などを学ぶようになり、気づいたことがあります。

人の生まれに「良い」も「悪い」もない。すべては中立。それを伝える人の「言い方」と、受けとる側の「捉え方」次第で大きく変わるのだと。

だって同じ誕生日の人が、皆同じ人生を歩むわけではありません。現に私と同じ三碧木星の松坂慶子さんは、結婚されています。そもそも今の時代、結婚したから幸せとか、結婚しない人生が不幸とはかぎりません。

要するに、運がいい人生になるためには「心」が大切なのです。このことをお伝えしたくて、私は風水心理カウンセラーの仕事を始めました。

47年以上この仕事にたずさわっていると、365日「運」について考えるようになります。運について聞かれ、運の流れを見て、そして運を体験している毎日。風水実験のために引っ越した数は、20歳以降20回以上にものぼります。これはもう「運の研究家」と言ってもいいのでは。そんな私が今、声を大にして言いたいことは

ほんのちょっとのコツで人生は変わる、運は良くなる！

ということ。そしてそれは、誰にでも今すぐできる簡単なことばかりです。逆に言えば、運を滞らせている原因も、ちょっとしたこと。それらを排除していけば、もうあなたの運は良くなるしかないのです！

そのことをお伝えするために、今回はじめて私の68年間の人生を、一冊にまとめるこ

とにしました。なぜ自伝にしたのかというと、山あり谷ありの事例をお伝えしたほうが、どうやってピンチをチャンスに変えていったのか、よりわかっていただけるのではと思ったからです。

たとえば、仕事もお金もすべてをなくした50代のとき、当時はもう立ち上がれないかもと思いました。でも、その不運がきっかけとなり、次の新しい展開が訪れたのです。これは、特別に私の運が良かったからではありません。実は、誰もが今すぐ活用できるコツを実践していたからです。もちろん風水などの開運方法も織り交ぜて。

だから、どんなに

「自分はダメなんだ」と思っている人も
「もう立ち上がれない」と嘆いている人も
「一歩踏み出す勇気がない」という人も

大丈夫。どんな人でもいつからでも輝くことはできますし、ピンチのあとに必ず次の扉が開くときがきます。

新型コロナウイルスの蔓延で、予期せぬ状況におちいった方もいらっしゃるでしょう。これをきっかけに、生き方を大きく変えた人もいるかもしれません。

あなたの選択は、間違っていません。令和の時代は、これまで以上に女性が輝く時代です。私は、どんな状況でも前に進みたいと思う、成長したいと願う女性を応援しています。

自分の運を信じてください。その力が「奇跡」を起こします。

ここから本編で、具体的なコツをお話ししましょう。

谷口令

CONTENTS

第2章 出会いと別れを経てたどり着いた私の使命

第3章　仕事に邁進、そしてシングルマザーになる

第4章 夢を叶える風水心理学を伝えたい

第5章　自分らしいライフスタイル、スタートはこれから

第1章

トラブル続きの学生時代、不運から学んだ「運」ってなに？

At age 12

いじめられた幼少期、負けず嫌いで髪にはパーマの小学生

親が子供のすべてを決める時代。

私が生まれた昭和20年代後半は、まさにそんな時代でした。進路や結婚はもちろん、女性は「男性の言うことを聞く」「三歩下がってついていく」。そんなしつけが本当にあった時代に、私はごく一般的なサラリーマン家庭の長女として生まれました。

大手重工業の会社で働いていた父と、専業主婦の母、3歳年下の妹との4人家族です。

小さいころの私は、物事をはっきりと言う気が強い子供でした。そのうえ人と同じことが嫌いで、さらにオシャレが大好き。髪にはウェーブパーマをかけ、良くも悪くも目立つタイプだったと思います。

父は絵にかいたような亭主関白な人で、ときどき家族に手をあげることもありました。今でしたら家庭内暴力と言われるようなことも当時はよくある話だったのです。

一方、母は愛嬌があり誰とでもすぐに仲良くなれる人でした。いつもオシャレで服のセンスが良くて、手作りのかわいい子供服を着せてくれていたのを覚えています。私がパーマをかけていたのも、オシャレ好きな母の影響です。

そんな母は「女性は一生できる仕事を持つといいわ」とよく言っていました。男性が社会に出て働き、女性が家庭を守るという昔からのしきたりが嫌で、母自身も心の底では自立したいと思っていたのでしょう。

学校でいじめられていた私の人生を変えてくれたのも、そんな自立の大切さを知っていた母のある一言がきっかけでした。

父の仕事の都合で小学校を転々としていた私は、地方に行けば「東京から来てすかしている」、東京に行けば「いなかっぺ」と言われ、どこに行ってもいじめられました。おそらく気の強い性格が鼻についたのでしょう。さらに、授業で疑問に思ったことは納得するまで質問していたので、先生からもあまり好かれていなかったように思います。

そんなある日、事件は起きました。

小学校6年生の道徳の時間のこと。教壇に立った先生が、こう言いました。

「今日は、いろいろ問題のある谷口さんについてみんなの意見を聞いてみたいと思います」

一瞬なんのことだかわかりませんでした。つづけて先生は「谷口さんのどこがいけないと思いますか？」と生徒たちに聞きました。するとみんなが「うるさいところ」「気が強いところ」「なまいきなところ」といろいろな意見を出し合います。まるで、公開いじめのよう。

最後に「もっと大人しくしたほうがいいと思います」など、私に対する改善案を出し合って、授業は終了しました。このときのことは今でも忘れられません。

私はその日、泣きながら帰りました。上履きを履き替えるのも忘れて帰ってきたので、異変に気づいた母は驚いたと思います。私がその日の出来事を伝えると、母はこう言いました。

「勉強で見返してやりなさい！　勉強で勝ったら誰もなにも言えなくなるから。だから一番になりなさい！」

このとき母が、学校に文句を言いに行ったり教育委員会にかけ合ったりしていたら、今の私はなかったかもしれません。勝てばまわりはなにも言えなくなることを教えてくれたので、つらいときこそ闘志を燃やす私の負けず嫌いな性格がこのときにつくりだされたのだと思います。

母に言われたとおり、私は勉強に没頭するようになりました。そしてみるみる成績を伸ばし、中学時代には常に学年トップクラスの成績を維持しました。

すると、本当にもう誰もいじめてこなくなったのです。

LESSON

「勝てば、誰もなにも言えなくなる」

夢は優しい小児科のお医者さん、勉強に没頭する日々

At age 13

小さいころから、私は医者になるという夢を持っていました。これには、一度も会ったことのない二人の兄の存在が強く関係しています。

私が生まれる前、我が家には二人の男の子が生まれていて、長男は2歳のとき、次男は8ヶ月のときにそれぞれ亡くなっています。母いわく、お医者様の処置が間に合わなかったそう。そんな悲しい出来事を立てつづけに経験した母は、占いに通うようになりました。ある日、占い師から「次に生まれてくる子は女の子。この子は元気に育ちますよ」と言われたそうです。そして、生まれてきたのが私。母は、この子はこれまで以上に大切に育てようと心に誓ったといいます。

母はよく私に「あなたは将来お医者様になって、人を助けてあげなさい」と言っていました。しかも小児科の先生を目指してほしいと。それは、兄たちのような子供を救ってほ

しいという母の願いだったのでしょう。そんな言葉を聞いて育った私は、ごく自然に医者になることを目指して勉強するようになりました。

私には理想の医者像がありました。それは、貧しい人たちを救う赤ひげ先生のような医者です。ただ治療をおこなうのではなく、いつも優しく患者様のお話を聞いて希望を与え、一人一人がかけがえのない存在であることを伝えられる先生。そんなお医者様を理想としていました。

ですが、ご存知のとおり私は医者にはなれませんでした。その経緯は後ほどお話ししますが、一方で〝夢〟は叶えることができました。風水や九星気学、心理学などの知識、ビジネスの経験などをとおして、今は薬を使わず手助けができる〝こころの医者〟になれたと思っています。

LESSON

「夢は、意外な形で叶っている」

あだ名は「ブス」、そのおかげで今がある?!

At age 14

中学時代の私の成績は、いつもトップクラス！　順位が100位まで書かれたプリントが配られると、その上位にはいつも自分の名前がありました。

小学生のときほどいじめられることはなくなりましたが、それでも嫌なあだ名をつけられました。

今でも忘れられません。それが、「ブス」というもの。なんてひどいあだ名だと思われるかもしれませんが、確かにこのときはそう言われても仕方がないような風貌だったのです。

当時の私は、まさにガリ勉タイプ。牛乳瓶の底のような分厚い眼鏡をかけ、歯並びも良くありませんでした。勉強ばかりで表情も乏しかったので、表情ブスだったことは間違いありません。そのうえ、テスト前に髪の毛を洗うと記憶まで流れてしまいそうな気がして、洗髪もろくにせずボサボサ頭で登校したことも。そこで付けられたあだ名が「ブス」でした。

そんな昔のあだ名について、最近になって知人と話す機会があり、「嫌じゃなかったの？」と聞かれました。誰もがブスと呼ばれつづければ気持ちが滅入るし、嫌な気持ちになるでしょう。当時の私ももちろんそうでしたが、その反面、勉強で見返すことに集中し、それを実行しつづけたのです。「ブス」と言っている男の子たちに「悔しかったら私をぬいてごらん！」と。

今思えば、あのあだ名があったからこそ、自分を追い込んで頑張ることができたのかもしれません。実はこのときに私は、「どんなこともバネに変えることができる」と学んだのです。そして今でも、仕事を成功させるための糧としていますし、このとき一生懸命に勉強した知識がとても役に立っていると感じます。

ここでお伝えしたいのは、私の少女時代の境遇のように、「努力して見返しましょう！」ということではありません。逆境の中にも「希望へのチカラ」となるものがあり、光がさすことがあると信じてほしいということです。

さて、知人とのあだ名についての会話にはつづきがあります。その話をした当日、銀座の街を歩いていたらテレビ番組の街頭インタビューを受けました。その取材のテーマがなんと「小さいころのあだ名はなに？」「嫌じゃなかった？」というもの。なんというシンクロでしょう！　私が熱弁をふるったのは言うまでもありません。

後日、インタビューを番組内で使いたいと連絡がありました。もちろん断る理由はありません。あだ名でいじめられている誰かの役に立つのなら、どんなこともバネにして気持ち次第で運を開くことができると伝えられるのなら、何度でも使っていただきたいと思いました。

LESSON

「どんなことでもバネになる！」

家を建てたらトラブル続出、環境の大切さを知る

At age 16

成績優秀だった私に変化が起きたのは、高校生のときでした。

それまで社宅暮らしだった私たち家族が家を建てることになり、まじめで人や銀行からお金を借りるのが嫌いだった父は、若いころからコツコツと貯めたお金で、ローンを組むことなく神奈川県の百合ヶ丘に小さな土地を購入。さっそく夢の家づくりが始まりました。

しかし、トラブルの前兆はすぐに起きました。

はじめてのことだらけで業者の言うことを信じるしかなく、打合せもほとんどないまま工事がスタート。ところが地鎮祭もおこなわれず、工務店に手付金を支払ったあともなかなか基礎ができあがりません。そのうち工務店と連絡がとれなくなり、気づいたときには手付金（今でいう1500万円くらい？）をすべて持ち逃げされていたのです。

途方もない大金をいきなり失ってしまった父は、あまりのショックで仕事もできないウツ状態。それでも親戚に頭を下げて回り、お金を工面するため奔走しました。やっとの思

いで工事が再開し、ほっとしたのもつかの間、次は納期になってもぜんぜん家が完成しません。できあがったと思ったら、ミスだらけ。そんな様子を不安に感じたのか、飼っていたペットが近所の人を噛んで大騒ぎになりました。そして極めつけは父の自動車事故。幸い命に別状はありませんでしたが、度重なるトラブルに父は心を病んでいきました。

私は、ゴタゴタがつづいたことで勉強に手がつかなくなり、成績もどんどん悪くなって医大を目指せるレベルには程遠くなってしまいました。小さいころから目指していた医者の夢がなくなり、持ち前の強気な性格もどこへやら。

ですが、悪いことだけではありません。今にして思えば、この家の事件の経験があったからこそ、私を今の仕事に導いてくれたのだと思います。そう考えると、一見悪く思えることでも考え方次第で大きな花を咲かせる場合もあるということ。つらい経験こそ、その後のラッキーやハッピーに繋がっているように感じます。

LESSON 「なにが幸いするのか、人生は面白い！」

COLUMN

家はあなたの運をつくる場所

「家」という言葉の意味をご存知でしょうか。「家」の言霊を紐解くと

い・・・命　え・・・枝（分かれ）

という意味になります。つまり「家」は「命が枝分かれする場所」であり、枝がどんどん増えて元気に育っていく木のような姿をイメージすることができます。普段私たちが何気なく暮らしている家は、命そのものを癒し、疲れを回復させ、元気にしてくれる場所です。自分本来の元気を取り戻せば、「運」はおのずと良くなっていくもの。そのための根っことなる部分が「家」なのです。

「運」と「家」はとても密接に関係しています。とにかく自宅をリラックスできる空間にして、生き生きとした植物を置いてその生命力から元気をいただきましょう。もちろん掃除も外せません。時間がないという方は、まずは水回りだけでもきれいにしてみてください。トイレ、キッチン、お風呂場などの水回りは、住んでいる人の健康と深く結びついています。そしてなにより、気持ちがスッキリするはずです。家の力を高めれば、暮らしている家族の心身も自然に整い、運気を高めることに繋がるものです。

留学を諦め短大進学、合格の秘訣は「運」でした

At age 18

私は昔から、「自分は運がいい」と思うことがたくさんありました。こうして昔を振り返ると決してそうとは言えないことも、実際には次の運に繋がっています。今回「運」についての本を書くことができているのも、こうしたたくさんの経験からヒントを得てきたからかもしれません。

そんな経験のひとつ、短大受験の出来事をお話しします。

医者になることを諦めた私の次の目標は、留学でした。どうしてもアメリカに留学してみたかったのです。きっかけは、松島トモ子さんという女優さん。テレビの取材でケニアに行きライオンとヒョウに立てつづけに襲われた女優といえば、ピンとくる人もいるでしょう。

彼女のアメリカでのハイスクール留学生活を特集する雑誌を見て、私は海外に対する強い憧れを抱くようになりました。

でも、両親が首を縦に振ることはありません。

理由は二つ。一つは、家の建築詐欺にあって学費が工面できないということ。そしてもう一つは、婚期が遅れるからという理由でした。このことを、今年27歳になる娘に話すと「信じられない！　留学しなくてもママの婚期遅れてるよね」と言われてしまいました。おかしな話でしょうが、当時はやはりそういう考えをする人が多かったのです。

まったく納得はできませんでしたが、学生の私にはどうすることもできません。泣く泣く諦めるしかありませんでした。と同時に、将来自分のお金で行こうと心に誓いました。

家にはお金もなく、成績も30人クラスの28番目くらいにまで下がってしまい、高校を卒業したら働くしかないと思っていたのですが、意外にも親からは短大進学をすすめられました。短大くらい出さないと恥ずかしいからという父の見栄だったのです。ここでも、世間体を気にしているわけです。

進学先の選択肢は英文科。青山学院女子短期大学、学習院女子短期大学（現学習院女子

大学)、共立女子短期大学の3つから選ばなければなりません。当時は成績上位の子から青山、学習院、共立という順番で志望する傾向がありました。

そこで私が志望したのが、中間の学習院女子短期大学。

普通に考えれば、当時の私の成績では難しい試験だったはずです。でも蓋を開けてみると、3校の入試が同じ日！　志望者は青山と共立に二分されたようで、学習院の倍率は1.1倍くらいだったのです。

そしてなんと、英語の読解問題に、以前夢の中で解いたことのある問題が出るというミラクル。まさにシンクロでしょうか。

こうして私は運よく、合格することができました。

LESSON

「運がいい！　と感じた出来事を忘れないでおこう」

今より老けた見た目！オシャレも合コンも後回しの短大時代

At age 19

無事に進学した私は、華の短大生活をスタートさせることができました。と言いたいところですが、現実はアルバイト三昧。学生らしい生活はほとんどなしでした。

でもこのとき社会とたくさん関わったことで、今の私に繋がるビジネスの原点を経験することになります。

当時の学習院女子短期大学に通う女性たちは、いいところのお嬢様が花盛りでした。将来、良妻賢母になるようなタイプばかり。校舎の斜め向かいにある早稲田大学理工科の学生たち、いわゆるワセダボーイと、毎日のように合コンをしているような状態。

それにくらべて私は学費を稼ぐために、授業と掛け持ちしていたアルバイトを行き来するだけの生活を送っていました。映画のエキストラや、痩せる美容自転車のインストラクター、ピザの実演販売、市場調査など。さまざまな仕事を経験しました。

痩せる美容自転車とは、今で言うフィットネスバイクのことです。どこかの体育大学生のようなジャージ姿に着替え、デパートの一画に設けられた販売コーナーで、ひたすら自転車をこぎました。カセットテープで「365日のマーチ」を流し、音楽に合わせて楽しそうにこぐ。おかげで美容自転車はおおいに売れアルバイト代を稼ぎながらダイエットもでき、ウエストラインも引き締まりました。ほんとうに美容に良かったということですよね。

実演販売のアルバイトでは、ピザが飛ぶように売れました。なぜか私がしゃべると売れるのです。シフトの途中でピザの在庫がなくなってしまい、補充されるまで近くの喫茶店でコーヒーを飲んでいたこともありました。会社の人から「このまま入社しませんか」とスカウトされたことも。お礼にピザが送られてくることも度々あり、我が家はピザのおかげで潤いました。しまいにはピザ専用冷凍庫を買ったくらいです。

では、あんなに売れた理由はなんだったのでしょう？　コツがあったとすれば、それは本気でその商品を好きになり、とにかく売りたいと思っていたということです。接客未経験だった私が売り上げを伸ばせたのは、そんな楽しそうに接客している姿が、お客様に伝わったからかもしれません。

ここまで働きっぱなしでいると、どうしてもオシャレは二の次三の次。下手したら今よりも老けた見た目だったかもしれません。お客様から「お子さんはいくつ？」と聞かれたり、スーパーの魚屋のおじさんから「これ、ご主人とお子さんにどうぞ」とお刺身をいただいたりしたこともありました。まさか、19歳の華の女子大生の私が40歳に見えていたのでしょうか？

当然学校の同級生たちとは話が合わず、一人も友達ができませんでした。

そんなある日、両親からこう言われたのです。「学校を辞めてくれないか」と。

LESSON

「どんなことも楽しめば、想像以上の結果に繋がる」

夏休み限定のアルバイト、軽井沢の老舗鰻屋で学んだこと

At age 19

両親から短大を辞めてほしいと言われた理由は、やはり学費の問題です。それほど我が家の家計は火の車だったのです。でも私はどうしても辞めたくなかった。こんなときこそ、なにくそ！　と燃えるのが私の性格です。もっとアルバイトを増やして学費を稼ぐことにしました。

そこで見つけたのが夏休み限定のアルバイト、旧軽井沢の鰻屋「竹葉亭」です。竹葉亭は幕末時代からつづく老舗で、夏目漱石の『吾輩は猫である』にも登場する名店でした。こちらのご夫婦が慶応義塾大学と学習院大学の卒業生ということで、母校にアルバイト募集の貼り紙を出していたのです。私は学生掲示板の中から、たまたまその募集要項を見つけ、すぐに申し込みました。

はじめて親元を離れ、夏休みの1ヶ月半、住み込みで働いた軽井沢の地。ここでの経験は、その後の私の人生に大きな影響を与えてくれました。

その経験の一つが、いわゆるアッパー層の方々を間近で見られたということです。当時の軽井沢はアッパー層向けの別荘地で、竹葉亭にもたくさんの富裕層の方々がいらっしゃいました。

ある夜、誰もが知る有名な大臣がご家族一同で鰻を食べに来られたことがあります。そのとき大臣から「お嬢さん、お茶をくださいますか」と声をかけられたのです。決して「ねぇちゃん、お茶」というような言い方ではありません。しかもお孫さんたちも皆とてもお行儀がいいのです。最後は丁寧にお辞儀をして、帰って行かれました。

そしてテーブルを見ると、スタッフがお皿を下げやすいよう食器を綺麗に寄せてくださっているではないですか。感動しました。ご一家の振る舞いは、まさに貴族のようだったのです。

ほかにも、たくさんの別荘族が来店され、私は毎日のようにお客様たちの様子を観察するのが習慣になっていました。

お客様たちには、ある共通点がありました。それは、皆余裕があっていつも穏やかだということ。お料理が少々遅くなってもイライラしたり怒ったりするお客様は、一人もいらっしゃいませんでした。アルバイトの私たちにですら丁寧に接してくれて、お互いにとって気持ちのいいコミュニケーションや立ち居振る舞いをなさるのです。

そんな方々と接するうちに、いつかは軽井沢で暮らしたい、そして将来自分がビジネスをするならこういう方々と関われるようになりたいと、思うようになりました。

LESSON

「本物のアッパー層は余裕があっていつも穏やか」

たった一口の鰻を食べながら誓ったこと

At age 19

もう一つ、印象に残っている出来事があります。

ある有名飲食店を経営されている社長がよく来店されていたのですが、社長はいつもお座敷に上がり特上のうな重を注文しているのに対して、おかかえの運転手はいつも土間で親子丼を食べていたのです。当時の私はなぜ同じではないのだろう、ここまではっきりとした差をつけるなんてひどいのではと思っていました。

でもあとから考えると、あのような差をつけることで「自分もいつかはお座敷で特上のうな重を食べるんだ」という反骨精神を刺激していたのではないのでしょうか。

あの運転手さんがどう思っていたかはわかりませんが、少なくとも私なら悔しくて逆にやる気になっていたはずです。

現に、土用の丑の日だけアルバイトに出された鰻はほんの一口だけでした。3センチ×5センチくらいの、パスポートの証明写真ほどの大きさです。ただし、タレは無料でかけ放題。たっぷりかけたタレの上にポツンと浮かぶ竹葉亭の鰻の味は、涙が出るほど美味しかった! 私はその一口をしっかり味わいながら、「いつかは自分で特上の鰻を注文するようになるんだ」と心に誓ったのでした。

そして今、なんと私が暮らしている銀座の家のすぐそばに「銀座竹葉亭」があり、近くを通るたびにあのときの気持ちを思い出しているのです。

LESSON

「悔しい経験がその後の自分の力になる」

プロの仕事と優しさに感動、私の世界が広がった瞬間

At age 19

軽井沢でのアルバイト経験は、私に意外な変化をくれました。生まれてはじめて、両親のもとを離れて別の環境に身を置いたことで、毎日当たり前のように聞いていた両親の言葉や考え方から離れるきっかけになったのです。

私はこのときはじめて自分自身の心の声や考えに、ゆっくり耳を傾けることができました。そして、あることに気づいたのです。

「公務員や一流企業のサラリーマンになるべき」「自営業なんてやめたほうがいい」「職人さんは問題外」。

サラリーマンの父は、商売人や芸術関係の仕事を差別しているところがありました。でも、実際に接した竹葉亭の職人さんと呼ばれる方々は、とても良い人ばかり。わからないことはその都度丁寧に教えてくれ、休みの日には一緒にサイクリングに行ったり、追分だ

んごをご馳走してくれたりと、私たち学生アルバイトにとても良くしてくれました。

私は父の考えは偏っているのではないかと、強く思うようになりました。親の価値観を知らず知らずのうちに受け継いでいた自分に気づき、そして違和感を持つようになったのです。

すべての人の価値は同じなはず。違う世界の人を差別したり卑下したりせずに、むしろその人たちから学んで自己成長に繋げるべきでは、と。

このときから私のプロの仕事人に対する考えは、どんどん変わっていきました。それどころか、いつでもプロとしての仕事をしている人からは学ぶことがたくさんあったわけです。たとえば竹葉亭の若旦那は、ラストオーダーの直前にお客様が来たとしても、嫌な顔ひとつ見せず笑顔で対応をされていました。アルバイトにとっては、そのぶん休憩が削られるわけですからいい思いはしません。ところが若旦那は、今目の前にいるたった一人のお客を大切にされている。最後まで気持ちのいい接客をして見送ったその姿を見て、プロのすごさを感じました。

このように竹葉亭で働いた経験は、私にアルバイト代以上の気づきを与えてくれました。あのとき学校掲示板の中から、たまたま貼り紙を見つけた自分はなんてラッキーだったのでしょう。

そして、あれから約50年が経った今年、ついに軽井沢に住まいを持つという夢が叶いました。私のビジネスの原点ともいえるこの地で、次はどんなことを学び、夢を叶えていけるのか、これからがますます楽しみです。

LESSON

「限られた世界から抜け出し、違う世界の人たちと触れ合おう」

At age 19

泣きつづけた失恋経験がはじめての「成功」に繋がる

竹葉亭のアルバイトが残してくれたもののひとつに、私のはじめての恋愛がありました。一緒に働いていた慶応の学生とお付き合いがスタートしたのです。

彼は、ご先祖様が川越藩で家老を務めていたという由緒正しいお家柄の人で、結婚の話も簡単には進みませんでした。とくに学歴は4年生大学卒でなければダメ、恋愛結婚はダメと言われましたが、ついに彼のご両親から許しが出たのです。

彼は大学卒業後すぐ家業に入り、私も将来の嫁として手伝いに行くようになりました。

ですがしばらくして、急にどういう理由かわかりませんが、結婚の話が白紙に戻ってしまったのです。当時の私にはどうすることもできず、ただただ泣いて洗面器があふれるほど毎日泣きつづけました。

若いころはどうしても、この人しかいないと思って恋をするもの。ましてや私の初恋。無理だとわかっていても、すぐには気持ちを切り替えることができませんでした。

あまりにもつらくて涙があふれる日々。そこで私が次にとった行動はというと……この状況を〝物語〟だと思うことにしたのです。私は物語の主人公で、これはハッピーエンドに向かう物語の途中なのだと。

あまりにもつらいとき、人はウツになったり病気になったりしてしまうことがありますが、私の場合はその真逆。幸せな物語をつくるという妄想に走ったのです。

すると、どういうことでしょう。彼が実家を飛び出して、私のところに会いに来てくれました。

すべてを捨ててでも結婚したいと言ってくれた彼。映画のような展開です！　ですが私が感動したのは、彼の気持ちよりも、妄想したとおりのことが現実にも起きたという結果のほうでした。

この結果に満足してしまった私は、それ以降は彼との未来を想像することもなくなり、すったもんだの果て、結婚の話も消えました。

でもこの失恋経験のおかげで、未来は自分が描くシナリオ次第で変えられるのだと信じられるようになったのです。

これが私の、はじめての〝妄想〟を使った成功体験でした。

LESSON

「自分を主役に、ストーリーを書いてみよう」

COLUMN

人生のシナリオは自分でつくれる

私は昔から思い込みが強く、そして妄想が大好きでした。自由に人生のストーリーを描いて思いっきりその感情を体中で感じると、不思議と現実になることを知っていたからです。『小公女』という本の中でも、主人公のセーラはどんなに大変なときも妄想します。

私が妄想するのは、もちろんハッピーエンドのストーリー。これをよりリアルに描くためには、映画の力を借りることもおすすめです。本もいいけど、映画ほど自分のイマジネーションを膨らませてくれるものはありません。

これまでも、映画を観たあとに自分も映画と同じようなことを経験したことが何度もありました。だから逆に、現実になったら困るような映画は絶対に観ないようにしています。

とくに好きな映画のひとつが、ナンシー・マイヤーズという女性監督作品の『恋愛適齢期』です。これに登場するヒロインの女性は、夫と離婚した経済的にも自立している劇作家。海辺の素敵な別荘で自分だけの時間を過ごしながら原稿を書いているという設定です。

この女性がとても素敵で、シンプルかつ上質なファッションやインテリアに囲まれて暮らしている姿はまさに私の理想。未来の私！　これまで折に触れて観返してきました。

すると、気づいたら私も別荘のような素敵な環境で創作活動をするようになっていました。さらに銀座と軽井沢との2拠点生活を始めたので、より映画の世界観に近づいてきています。

ちなみに映画のヒロインは年下の男性からアプローチを受けるのですが、一時期私にも似たような経験があり、これもまたシナリオどおり。私の細胞の一つ一つに刻まれた映画の感覚が、現実を引き寄せているようです。


私たちはいつも、自分の人生の脚本を自分自身で書いています。ハッピーエンドの映画を観たり、憧れの人に会ったりして、どんどん脚本の素材を集めていきましょう。そしてその感情を存分に味わっておけば、必ず現実が動き出します。

就職先での挫折、どんどん自信をなくしていきました

At age 20

自分で学費を払いながら、失恋も乗り越え、なんとか短大を卒業することができた私の就職先は、父も大賛成の東京海上火災保険（現東京海上日動火災保険株式会社）に決まり、このまま社内結婚できれば将来安泰という両親の心の声が聞こえました。しかし、ここからが社会での苦労の始まりでした。

その前に、まずは内定をいただくことができた経緯をお話しします。

2年間アルバイトに明け暮れていた私の成績は、卒業できるぎりぎりのラインでした。それでも就職できたのは、学校推薦枠の希望者が定員割れだったから。三菱商事、三井物産、日本航空など、志望者が多いところは成績順に推薦者が決まっていきますが、定員割れした東京海上の推薦者はすんなり決まり、私は運よく学校推薦を獲得しました。

まさに、短大受験のときと重なる幸運。受験の神様がついてくれている！

父が同じ三菱グループに勤めていたことも後押しになったのでしょう、おかげで面接もパスすることができ、無事に内定をいただけました。

もちろん父も母も大喜び。お給料もいいし残業も少ない、あそこに入れば人生バラ色だと言って送り出してくれました。


ところが、いざ入社するとそこは私にとってバラ色どころか、制服と同じ什器備品色のグレー。配属された先は「外国業務部会計課」で、来る日も来る日も電卓をたたいて数字合わせをする日々。それは私にとって一番苦手なタイプの仕事でした。しかも、まわりの社員は商業高校を優秀な成績で卒業した人ばかり。

「谷口さん、まだできませんか？」

といつも上司に催促され、それでもすぐには終わらせられず。そんな自分が嫌でどんどん自信をなくしていきました。もしこのとき、華やかな営業職に配属されていたら、もっと楽しみを見出すことができたかもしれません。でも、自分ではどうにもできないこと。せめてもの抵抗で、着用を推奨されていた事務服を着ることなく働いていました。

ＯＬの仕事だと思われていたお茶くみも大嫌いでした。毎朝15人分のお茶を淹れる仕事が順番に回ってくるのですが、私はどうしてもやりたくなくてほかの人に「５００円で変わってくれない？」と頼んだことがあって、それがお局様にバレて大変なことに。

「お金で人を雇うとはどういうつもりですか、そんなに嫌ならやらなくていい！」と怒られたときには、苦手なことをほかの人に任せて対価を支払うことのなにがいけないのだろうと疑問に思いました。

このときから、私は人の下では働けないタイプだったようです。

LESSON

「人には向き不向きがあるもの、自分を責める必要はない」

「谷口さん、社内結婚は諦めてください」と言われて

At age 21

東京海上に入社したのは、給料の高い安定した男性と結婚してほしいという両親からの期待が理由のひとつでした。このころの私は、条件ばかりで就職先を決め、結婚相手を探していたのです。ですがいざ職場を見渡してみると、会計課には数えるほどしか男性はいないし、すべて妻子持ち。しかも機械のように仕事をして機械のように帰っていく人ばかりで、まったく男性として魅力が感じられませんでした。

社内結婚で退職していく同期の送別会に参加しては、空しい気持ちを抱えていた矢先、課長からは

「谷口さん、1年でお相手が見つからなければ社内結婚は諦めてください」

と言われる始末。仕事も恋愛もうまくいかず、このころの私は人生を悲観していました。

もちろん私が知っている会社の表情はある一部分だけで、部署や働く年代が違っていた

ら、とてもいい環境だったのかもしれません。でも当時の私にとっては、仕事内容も合わなければ職場の雰囲気にも馴染めない、とても居にくい場所でした。

運や偶然に左右されて入社した部分もありますが、その後は私らしさをどんどん失っていったように思います。

もちろん何度も辞めたいと思いましたが、一流企業で給料も良く休みも多いという好条件に縛られて踏みとどまっていました。そのころ実家の妹はまだ学生で、なにかとお金もかかる時期。私はいただいたお給料の中で両親に服を買ったり、妹に化粧品を買ったりといろいろ費やしていたのです。ですからどんなに合わない職場でも、辞めるわけにはいきませんでした。

LESSON

「仕事も結婚も、条件ばかりに縛られてはいけない」

私の運命を変えた吉方位、九星気学との出会い

At age 21

つまらなすぎるOL生活の中で、素晴らしいことに巡り会いました。それは「九星気学」について学びを深められたことです。九星気学では人の性質や特徴を9つに分けて考えることができるのですが、それによると私は、〃人に使われるのではなく自分自身で人生を切り開いていくタイプ〃。つまり会計の仕事ができないことも、人の下で働くのが苦手なことも、私の生まれ持った性質だから仕方のないこととわかったのです。

決して自分が駄目な人間だからではなかったのだと気づいた瞬間、私の人生に光がさしこみ、目の前に希望が広がったのを覚えています。

私が九星気学と出会ったのは、就職して1年ほど経ったときのことです。当時の我が家は、家のトラブルがつづいている状態。さらに私自身は仕事も恋愛もうまくいかず人生どん底。どうしてこんなに良くないことばかりつづくのだろう……。そう考えていたとき、隣の家

に住む方が

「信じるかどうかわからないけれど、吉方位というものがあるから行ってみたら」

と、方位と日にちを教えてくれたのです。

教えてもらったとおり、私と両親の３人は吉方位方面にある千葉県銚子市の猿田神社に向かいました。

すると、ちょうどその神社に気学を学ぶ団体の方々が来ていたのです。吉方位のことを知ったばかりだった私は、これはチャンスにちがいない！　と思い、さっそく輪の中にはいっていき

「この中で、先生はどなたですか？」

と尋ねました。そこで紹介されたのが、後に私が師事した九星気学の大家、宮田武明先生でした。

このとき先生から、興味があるなら勉強しに来ませんかと声をかけていただき、九星気学を学んでみようと決めました。この時点ですでに、吉方位の効果が出ていたのでしょう。この出会いが、今の私の人生をつくっているのですから。

九星気学の勉強会は隔週土曜日のお昼1時から3時まで、上野にあるお寿司屋さんの2階でおこなわれていました。勉強を始めてすぐ、私は九星気学が好きになりました。占いではない東洋の広大な世界観と宇宙観、先天性の特徴は決まっているけれど運命は自分で切り開いていけるという積極的な考え方。それまで行き詰っていた私の人生に風穴があき、一気に新しい風が入り込んできたようでした。

宮田先生のところで学ばれている方々は、多くが経営者でした。全員年の離れたおじさま、おばさまばかり。その中に21歳の娘が一人で参加していると
「あなた、こんなに若いうちから学び始めたら将来すごいことになるわよ」
と口々に声をかけられました。この言葉はとても印象的で、私は自分の未来に対して希望を持てるようになりました。なぜなら本当に、ここで学んでいる方々はすごい人ばかりだったのですから。

なかには、誰もが知る超有名企業の社長もいらっしゃいました。社長が先生にどのような相談をしているのか興味津々で聞いてみると「新商品の発表日はいつがいいか」「広告はいつから出せばいいか」といった、会社の未来を左右するような重要な話をされていた

のです。気学がビジネスの決断のヒントとして活用されていることに、私は驚きました。その後、その新商品は大ヒット。未だに多くの人から愛されているロングセラー商品になっています。

こうして九星気学の勉強に私はどんどんのめり込んでいきました。
それまで、OL生活での退屈な時間を埋めようと、お花、社交ダンス、テニス、チャーミングスクール、ヨガ、水泳といろいろなお稽古に力を注いできましたが、どれも今ひとつ満足できなかった私。そんな私が九星気学の勉強だけは、飽きることなくスポンジのように知識を吸収していきました。

LESSON

「九星気学が教えてくれた『運命は自分で切り開いていけるもの』」

COLUMN

運を蓄える吉方位とは

この世の中で一番簡単で、楽しみながら開運できる方法はなに？　と聞かれたら、私は旅と答えます。

えっ、そんなことで開運できるの？　と思われるかもしれませんが、これは私だけでなく、多くのクライアントの皆様も体験されていることなのです。

ただ、どこにでも旅行すればいいというものではなく、スペシャルデーと吉方位を選んで動くこと。これによって運を蓄えることができます。では一体、どの方位に移動すればいいのでしょうか。

気学の考えの中に、「スペシャルデー」「吉方位」というものがあります。

スペシャルデーとは、1年のうち約37日、月に3〜4日あるとされている旅や移動をするのに良い開運日です。気のパワーが高まるので、この日を選んで旅を計画するといいとされています。

吉方位とは、引っ越したり出かけたりすることで運を貯めることができる方位です。

私はこれまで、吉方位の恩恵をたくさん受けてきました。

吉方位へ旅行したら、現地で大きな商談が決まったり、神社に参拝した直後、長年希望していた仕事が動き出したり。あげればきりがないほど、旅のあとに夢が叶った経験があります。

世の中の吉方位情報の中には、3泊4日以上の滞在が必要とか、100キロ以上移動するべきとかさまざまな情報がありますが、個人的には日帰りのプチ旅行でも効果は十分あると感じています。

旅はルールを決めすぎず、すこし余裕のあるプランのほうが楽しい。そういった気持ちを、なによりも大切にしたいものです。

まずは、気軽に近場からでもいいので試してみてください。そしてできれば温泉にはいり、その土地の美味しいものをいただき、土地のエネルギーを体に取り入れてから帰りましょう。

方位にはそれぞれ次のような意味があります。

●北・・・健康、人間関係
●東北・・・変化、不動産

●東・・・創造、発展
●東南・・・信用、結婚
●南・・・知性、名誉、美
●西南・・・家庭、仕事、不動産
●西・・・金銭、恋愛、リラックス
●西北・・・地位、社会

この基本的な方位の意味のほかに、その年、その月ごとに、ご自身の運気（九星気学で導き出した本命星）にとってエネルギーが満ちている方位、そうではない方位があります。

くわしくは私が毎年出している『Ｋａｉｕｎダイアリー』や、ダイアリーを使ったセミナーでお伝えしていますので、興味のある方はそちらも参考にしてみてください。

第2章

出会いと別れを経て
たどり着いた
私の使命

13回目のお見合いで結婚

At age 24

九星気学の勉強にのめりこんでいた私ですが、もう一つＯＬ時代に取り組んでいたこと、いいえ、取り組まなければならないことがありました。それが婚活です。

当時は今よりも平均初婚年齢が低く、まわりからはつぎつぎと結婚の報告が届くようになりました。両親からも「25歳を過ぎたらクリスマスケーキよ」と呪文のように聞かされる日々。もちろん私も結婚したいと思っていましたが、それは憧れというより、楽しみを見出せないＯＬの仕事を早く辞めたかったという想いからでした。

あのころは〝仲人〟という、お見合い話を持ってきてくれる人が近所に一人はいたものです。その方のご紹介で、私は何度もお見合いに臨みました。ですが、そうは問屋が卸さない。12回お見合いをしても、結婚には至らないのです。

いつもジュンアシダの品のいい洋服を着て決戦に臨んだ私は、はた目には大人しく女性らしい印象に映っていたはず。ジュンアシダにはそういう効果もありました。それなのに、なかなか成果が出ません。

おそらく話しているうちに徐々に地の性格が出てきて、納得いかない部分があれば「私はそうは思いません」なんてはっきり意見していたからでしょう。これが良くないんだとわかってからは、より大人しい女性を演じるようになっていきました。

そして13回目のお見合いでやっと合格！　運転免許試験ですら11回でパスできたのに、私にとってお見合い結婚のハードルは、それよりも高かったということです。

さて、そんな私と結婚してくれた男性は、申し分のない肩書の方でした。肩書だけは……。東京工業大学出身、大手ガス会社勤務、次男。文句のつけようもない好条件です。これには両親も大喜び。

お相手に対してときめく部分はまったくありませんでしたが、結婚とは条件を大切にするものなのだと思い（両親もそう言ってましたし）24歳で結婚を決めました。

あとになって、彼に私のどこが良かったのか聞いたところ「大人しそうに見えたから」との答え。作戦がバッチリ効いていたのですね。

でも、そんな外側だけで判断した結婚がうまくいくはずありません。いざ一緒に暮らしてみると、肝心の内側部分の向いているベクトルがまったくの不一致だったのです。

「仕事はするな」（自分が養っていないように思われるから）

「マニュキアはするな」（赤い爪は水商売と同じだから）水商売で素敵な人はたくさんいるのに！

「いつも三歩下がれ」（でしゃばる女性は嫌いだから）

どれも私には理解できない考えばかり。どうしてこんな考え方なのかしらと疑問に思い、彼の家族関係を注意深く見ていると、彼の父親が母親に対して、バカにするような扱いをしていたことが判明しました。親の言動は子供が成長したあとも、影響を与えつづけるものなんだと思いました。かく言う私も、両親の言葉を信じて条件優先の結婚をした身。この違和感を抱えたまま結婚生活をつづけられるのか、迷いがでてきていました。

LESSON

「結婚は親のためにするものでも、条件で決めるものでもない」

COLUMN

親の言葉が、子供の未来をつくる

私の母は、なにかトラブルが起きるといつも「大丈夫よ」と言っていました。「今だけだから、大丈夫」「あなたなら、大丈夫」そう言って前向きに考える癖を与えてくれたように思います。おかげで私は、自分の考え方が大好きです。

最近では、娘が私に対して「ママ、大丈夫だよ」とよく言うように。母からの口癖を知らず知らずのうちに私が受け継ぎ、娘もそれを受け継いでいるようです。

運に関する仕事をしていると、こういった口癖や考え方次第で、結果は変わるものだとつくづく思います。つまり親の言葉や親との関わり方によって、人生は決まるといっても言いすぎではないのです。とくに男性は父親との関係、女性は母親との関係が重要。父親から愛された記憶がある男性は、自立した大人として自分自身を信じられるようになり、母親と信頼関係がある女性は、女性としての自分の魅力を信じられるようになります。

これから結婚を考えている方は、相手と親との間に信頼関係はあるか、どのような家や環境で育ったのか、父親は母親に対してどのように接していたか、事前に確認しておくといいでしょう。親の言葉、考え方、暮らし方が、子供の未来をつくっています。

私には不動産の神様がついている

At age 25

新婚生活は、中目黒にあった社宅から始まりました。性格の合わない夫との生活は息苦しいものでしたが、住まい環境に関しては最高に恵まれていたと思います。

このころから、私は「自分には不動産の神様がついている」と思うようになりました。小さいころから父の仕事の都合で引っ越しを繰り返し、高校時代には自宅が建つ経験をしたためたくさんの家を見てきました。あの、環境が変わるときのなんとも言えないワクワク感。家次第で家族の雰囲気も変わってしまう見えない影響力。それらを体験してきた私には、いい家を嗅ぎ分ける嗅覚のようなものが身についたのかもしれません。

新婚時代の社宅は、そんな嗅覚からすると素晴らしい家でした。庭付きの一戸建て、しかもモダンな新築だったのです。なぜこんなに素敵な家に暮らせたのかというと、ガス会社に勤めていた夫が、ガスタンクを管理する任務を任されていたから。あの大きな球体の貯蔵タンクを管理できる人は、そう多くはいません。地震などの緊急時には、いち早く駆け付ける必要があります。つまり責任ある仕事に就いていたため、住まいも良いところを与えられていたのでしょう。そんな社宅と出会ったとき「私には不動産の神様がついているのかもしれない」と思いました。

25歳のときに長男を出産。すると、不動産の神様がざわつき始めます。「家を買いたい」と。そこで夫に「あなた、早めに家を買いましょう」と促し、茅ヶ崎にあるマンションを購入しました。茅ヶ崎は、太陽の温度が違うと感じる場所でした。東京よりも間近に感じる日差しのおかげで、自然と心も開放的になれます。このころ、アグネス・ラムというハワイのモデルさんが、裸足にビキニ姿でジープを運転する姿が話題になっていたのですが、私もそれを真似て裸足に水着姿で車を走らせたことも。海風を感じながら走った加山雄三通りの気持ち良さは、今でも忘れられません。

結婚生活はつまらないものでしたが、茅ヶ崎での暮らしはとても気に入っていました。

LESSON

「運がいいと気づけば、運はさらに良くなっていく」

子供が言葉を覚えない理由は

At age 31

都会から離れた茅ヶ崎のマンションで、一流企業に勤める夫と息子との3人暮らし。はたから見れば幸せな生活かもしれません。しかし冷めきっていた夫婦関係はごまかしきれず、思わぬ形で問題がおこりました。

息子が、6歳になっても言葉を覚えないのです。うまく話すことができず、聴覚に問題があるのではないか？　と病院をわたり歩きましたが、どこに行っても「異常はない」という診断結果。

そして、最終的にたどり着いた保健所で

「お父さんとお母さん、いつもお話ししている？」

と言われハッとしました。

ショックでした。たしかにこのころの私たち夫婦の間に会話らしい会話はありませんでした。仕事から疲れて帰ってくる夫とのコミュニケーションは「フロ」「メシ」「ネル」といった必要最低限。まったく意志の疎通ができませんでした。

もともと人と話すのがあまり好きではない夫は、できるだけ人と話したがらない。かたや私は、人と話すことで元気がわいてくるタイプ。これでは会話になりません。子供は家族の会話を聞いて言葉を覚えていくものなのに、そんな環境が我が家にはなかったのです。

このことがきっかけとなり、結婚生活は7年で終わりを迎えました。そして裁判で親権を争うこと、約1年間。仕事をしていない専業主婦の私が、親権をとることはできませんでした。


息子とは、このときからずっと会えていませんが、一日だって忘れたことはありません。

これまでに一度だけ、息子からメールが届いたことがあります。別れて10数年たったときのことでした。そこには就職活動の近況などがつづられていて、最後に次の言葉を見つけました。

「しかし、さすが、かーちゃんですね。

やっぱりHP作ってあったし。

んー、なんかなんとなく同じ匂いを感じます……当然か（笑）」

何度も何度も読み返し、噛みしめました。このとき、この文章だけで、長い時間が埋まったように思いっきり深い息をすることができました。息子をこんなに素直に育ててくれた元夫に、感謝しなければなりません。

いつか、息子とベストなタイミングで再会できる日が来ると信じています。

離婚というと「バツ」という言葉が付くように、マイナスな面ばかりに目がいきがちですが、私は離婚をとおして得たプラスの学びも大きかったと思います。

一番はやはり、学歴や勤め先のブランドだけで判断することの愚かさ。生まれも育ちも違う二人が一緒になるのですから、そこに価値観の類似点がなければ、いずれバラバラになっても仕方ありません。

結婚は、同じ方向を向いて歩いていける人としたいものです。

LESSON

「起きることはすべて必然、ベストなタイミングが来ると信じる」

たった一人で家賃5万円のアパートからスタート

At age 32

家族をなくし、住む家もなくし、またまた貯金も収入もない。最初は実家に身を寄せましたが、すぐに5万円のアパートを契約して一人でゼロからスタートしました。

とりあえずは、生きるために働かなければなりません。派遣会社に登録し、デパートでバーゲンのYシャツを売る仕事を始めました。すると不思議なことに、よく売れるのです。学生時代の実演販売経験といい、自分は営業に向いているのかもしれないと思いました。

一方で、デパートの環境にはどうも馴染めませんでした。一癖も二癖も、三癖もあるような女性の同僚たちは「やってらんないよね」と、いつも文句ばかり。そこはまるで、愚痴の吹きだまりのような場所でした。こういう後ろ向きな人たちは苦手。いよいよ耐え切れなくなり、ほかの仕事を探し始めました。

次に働いたのは、日本IBM。試験を受けてアルバイトに合格し、六本木のオフィスビルに通うようになりました。ここでの仕事は、営業職の人たちの給料を計算するというもの。誰もなにも喋らず、ひたすらパソコンに向かって作業するだけの職場からは、デパートのような愚痴や文句はひとつも聞こえてきません。

そんな単調な仕事をしている中で、あることに気がつきました。常に営業成績トップを維持しているMさんという方がいるようなのです。「どうしていつも1位なのだろう」「なにかコツがあるはずだ」と、理由が気になって仕方がありません。

ある日、たまたまMさんからの問い合わせ電話に出た私は、これはチャンスとばかりに「Mさん、いつもすごいですね。どうすれば1位になれるんですか？」と聞いてみました。するとすぐに上司から呼び出され「余計なことを聞くな」と怒られたのです。まあ、そう言われればそうなのですが、営業の仕事って楽しそう。

また別のときには、疲れたのでカフェまで息抜きをしに出かけたら、それもたいへん怒られました。リフレッシュしたほうがその後の仕事もはかどると思ったのですが、そんな考えはまったく通用しないのです。

要するに、私はこの職場に合わないということ、そして勤め人には向かないということがよくわかりました。

そんな生活がしばらくつづくと、六本木駅に降りただけで胃が痛くなり会社に行く足が止まるように。結局、ＩＢＭは３ヶ月足らずで辞めました。
もうダメだ……。そう思ったら逃げるが勝ちです。

仕事を辞めた私が次に選んだ先は、またもやデパートでした。
すると、前はあんなに嫌だったおばちゃんたちの雑多な会話や活気に、逆に勇気づけられ涙が出てきたんです。愚痴を言い合えるのも生きている証拠。そのたくましさに「これが生きているってことよね」と、胸が熱くなったときのことを忘れません。

このように思えたのも、短い期間でまったく雰囲気の違う職場を経験できたからこそ。デパートもＩＢＭも、どちらが良い悪いではなく、学びのためにはどちらも必要な経験だったのでしょう。

LESSON

「駄目だと思ったら逃げるが勝ち！どんな経験も学びになる」

私が着ていた洋服がどんどん売れていきました

At age 32

派遣・アルバイト時代には、仕事がうまくいかず悔しい思いもいっぱいしてきました。それでも私が頑張ってこられた理由は、いつか息子に再会したときに恥ずかしくない自分でいたかったからです。恥ずかしくない生活、仕事、人生を歩んでおきたかった。それが原動力となっていたように思います。

デパートの仕事に戻ってきた私は、おばちゃんたちの活気に勇気づけられ、また一から頑張ろうと決意しました。配属されたのは、レナウンというアパレル会社の女性向けカジュアルブランド「イエイエ」。オシャレが好きな私は、ここの洋服を素敵に着こなして店頭に立ちました。

するとお客様から「あなたの着ているその洋服くださる?」とつぎつぎに声をかけられるように。賑わいを見て駆けつけたデパートの社員さんにも同じように声をかけられたので、さぞかしイキイキと働いていたのでしょう。

ただ、捜査一課長のように目を光らせていたデパートの上司からは「スカートが短すぎる」と、いつも注意されていました。それでも聞く耳を持たない私。なぜなら、そのほうが洋服がかわいく見えてよく売れたからです。

こうして、私が働くレナウンの売上はものすごく上がっていきました。

LESSON

「目の前のことに一生懸命取り組めば次のレールが見えてくる」

At age 32

還暦を過ぎてからのチャレンジ、夢を叶えた母

私がオシャレ好きなのも、販売の仕事が得意なのも、母の影響が大きいと感じています。私にたくさんのポジティブな影響を与えてくれた母。そんな母が、人生の後年になってあるチャレンジをしました。

驚かれるかもしれませんが、母はなんと還暦になってからはじめて働き始めたのです。しかも、あの森英恵さんのブランド「ハナエモリ」の試験に合格し、玉川高島屋のブティックで働くことが決まりました。

昔からオシャレが好きだった母は、実は子供のころからデザイナーになる夢を持っていたそうです。私もよくモダンでシックな洋服をつくってもらっていました。そんな母がファッションの仕事に就いたときは、とてもうれしかったです。

出勤初日は、早めに家を出て神社へお参りして、お隣の店舗まで掃除してから仕事に臨

んだそうです。理由は「気持ち良くスタートさせたかったから」。母らしい行動だと思います。もともと愛想がよく人付き合いが上手だった母は、その才能を発揮するようになりました。ある年には、全国で売上1位になり英恵さんからワインをいただいたそうです。

実は母は、こっそり洋服のお直しもしていました。お客様の体のラインに合わせて服をアレンジし、より素敵に着こなせるように手を加えていたのです。本当はいけないことなのでしょうが、それもお客様から信頼される要因だったのかもしれません。

仕事の話をする母は、カード決済など覚えることが多くて大変だと言っていましたが、それでも日に日に綺麗に、美しく、輝いていきました。そんな姿を見て、私も60歳をすぎても母のように輝きたいと思いましたし、あらためて心から母を尊敬しました。

人生はいくつになってからでも、自分の行動次第で夢を叶えるチャンスに巡り会えると教えてくれたのです。

LESSON

「夢はいくつになってからでも、叶えられる」

COLUMN

自分の人生は自分で決めると決心する

輝いている女性を見ると、その魅力に魅了され、同時に勇気がわいてきます。輝きの理由は、おそらく体の中からあふれている自信なのでしょう。そういった女性は、ただ黙って立っているだけでも伝わってくるものがあります。

これまで、そんな女性と出会うたびに理由を教えてもらってきました。彼女たちに共通しているのは

・自分に自信が持てる仕事をしている
・人にはできない特技を身につけている
・経済的に自立している（愛人はＮＧです）

この3つを兼ね備えているということ。何歳になっても、内側からキラキラと輝きを放っている理由がここにあります。そんなふうに自信を持てるのは、一部の限られた才能のある女性だけだと思われるでしょうか。いいえ、そんなことはありません。

誰にでも、今すぐ取り組める秘策があります。

それは、学ぶことです。人が知らない知識をたくさん知っていれば、それだけで自信に

繋がります。今から学びを積み重ねていけば、将来必ず生きる自信に繋がっていることに気づくでしょう。

そして、不要な思い込みは手放すことです。お金を稼ぐことが悪いことだと勘違いしていたり、自分にはその能力がないと思ったりしている女性は少なくありません。これらは、あなたの可能性を邪魔するただの思い込みなのです。

私の母もその一人でした。

「離婚したかったけど、自分には能力がないから働けなかった」

長年そう言っていた母が還暦を過ぎてから働き出し、ハナエモリブランドで全国売上トップになりました。

「できない」というのは実は単なる思い込みで、本当はもっと「できる」可能性が広がっています。

思い込みに囚われすぎず、自分の人生は自分で決めると決心しましょう。それには学びつづけ、生業を決め、経済的な基盤を考えることが大切です。

いつからだって、始めることはできます。

リクルートされ芸能人御用達レストランのマネージャーになる

At age 33

頑張っていれば必ず誰かが見ていてくれている、私はそう信じています。振り返れば、いつも目の前のことをがむしゃらにやっていたときに、ふと人生を変える運命的な出会いがやってきていたからです。

レナウンで働いていたころ、畑正憲さんの秘書の方がよく買いにいらしてくれました。畑正憲さんといえば「ムツゴロウ動物王国」を設立し一躍有名になった、あのムツゴロウさんです。その秘書の方がある日「あなた、畑先生が今度オープンするレストランのマネージャーにならない？」と誘ってくださいました。畑さんは当時、映画『子猫物語』がヒットして、事業の幅を拡げていらっしゃったようです。面白そう！　と直感が働き、二つ返事でお受けしました。

こうして私は、表参道にオープンした畑正憲さんオーナーのレストランで、夜のマネージャーとして働き始めました。そこは、芸能関係者ばかりが来店される特殊なお店で、芸能プロダクションや広告代理店の社長、タレントさんに、マネージャーなどなど、とても華やかな方々が毎日のように来店される場所でした。

皆さんのハツラツとした雰囲気、あか抜けた振る舞い、豪快な楽しみ方は、すべてがエネルギーにあふれていてまるで映画のワンシーンを見ているかのよう。これまで見てきた職場とは真逆の「今ここで生きている」ことを楽しんでいる人たちだと感じました。もちろん、楽しいことばかりではないでしょうが、安定した会社勤めの人にはない、この刺激的なワクワク感はなんだろうと思いながら興味深く見ていたものです。

ところが、このレストラン経営には、ある大きな問題がありました。業界の皆さんは飲食代をツケにすることが多く、なかなかお金を払ってくれないのです。業界あるあるだったのでしょうか？　数ヶ月たっても支払いがなく、こちらから集金に伺うこともしばしばで、それでも回収しきれず結局レストランは1年半ほどで閉めざるを得ないことになりました。

LESSON

「今ここで生きている、そのオーラが人を惹きつける」

お金もない、正社員でもない、そんな私が家を買った話

At age 34

安定した職に就いているわけでも事業を興しているわけでもなかったこのころの私が、マンションを買ったと言ったら驚かれるでしょうか。

ある日、世田谷に小さいマンションを見つけました。方位も大吉、値段も格安！　これは掘り出し物だと直感的に思い、すぐに購入を決意しました。

が、問題はお金です。なにせ貯金もほとんどなくアルバイトの身。どうするかと考えたあげく銀行へ相談に行くと

「収入も少ない離婚したての女性が家を買われるのですか？」

と4件連続で断られました。ひどい言われようですがこれが現実。仕方ありません。

でもここで諦めないのが私。最後の望みをかけてとある銀行に行くと、そこの支店長は「あなたは将来どのようなことをしたいのですか？」と、はじめて私の夢や将来についてしっ

かり耳を傾けてくださったのです。

このころから私は、九星気学や心理学を用いたカウンセリングを仕事にしていきたいと考えていました。その想いを伝えると

「これから伸びる仕事は、健康に関わる仕事、冠婚葬祭の仕事、そしてあなたがやろうとしている仕事。この3つだと思います。あなたは、今はなにもないけれどきっとこれから伸びていく人だと思うので、お金を貸しましょう」

と言ってくださったのです。嘘のような話ですが、やはり「不動産の神様」はいます！捨てる神あれば拾う神ありとは、まさにこのこと。こうして約800万円の融資を受けることができ、私は念願の家を買いました。

ですが問題はここから。借りられたのはいいものの、古くていたるところがガタガタ。どうしても汚い空間にはいられなかったので、父からなんとか200万円を借りてリフォームしました。それでもまだまだ、住み心地のいい家とは程遠い。水回りは古さが目立ち、狭いお風呂は一人で入るのがやっと。クーラーがないので夏場は窓を開けたかったのですが、大通りに面しているため騒音に耐え切れず我慢。たくさんの改善点があったのです。

せめてクーラーだけでも買いたかったのですが、お金を使い果たしていたためそれすら無理。どうしたものか……。そう考えていた矢先に、ピンポーン。玄関のチャイムが鳴りました。

その日私はたまたま調子が悪く、仕事を休んで部屋で横になっていたんです。寝ていた体を起こして玄関に出ると、ガス会社の人が立っていました。なんでも、ガス漏れの検査に来たら「この部屋からガスがすこし漏れている」というではありませんか。そこで、低利で融資するのでリフォームしてくださいとのご提案。もちろん即決でお願いすることにしました。おかげでピカピカのバスルームに丸ごとリフォームすることができたのです。

すると次の瞬間には、また別の会社の方が玄関のチャイムを鳴らしました。この日二人目。今度は、東京都の騒音条例にもとづき、騒音がひどい地域のアルミサッシを付け替える工事をするとのこと。それも無料で。しかもこのときは、サービスでエアコンまで付けてもらえました。ほんとうにラッキーなことつづきです。

こうして、つい数日前まで悩んでいたことがつぎつぎと解決していまい、気づけば快適に暮らせる理想の部屋が完成していたのです。

いい部屋や環境は、いい現実を連れてきてくれるもの。この部屋に住んでいる間に、仕事もうまくいきだし、結婚相手も見つかり（ここ重要）、とんとん拍子で人生が好転していきました。そしてステージアップのために部屋を売ると決めたら、なんと3300万円という高値で売れてしまったのです。不動産会社からは「せいぜい2000万円ですよ」と言われましたが、自信があった私は希望価格を譲りませんでした。すると、あっという間に買い手が現れたのです。

一連のミラクルの極めつけは、購入された女性が方位の先生に相談して、吉方位を選んで私の家を見つけたということ。ご挨拶をしたときに私の名刺を見て「まさか九星気学、方位学の先生の家だったなんて」と、とても驚かれていました。なんともすごいご縁です。

そんな彼女は、その家に住みだしてから人生のパートナーと出会い、ご自身の会社も大きくなり今は大成功。まさにあの家は、住む人を幸せにするハッピーハウスだったのです。

LESSON

「いい家はいい未来を連れてくる」

COLUMN

家の出来事は繰り返す

家には「記憶」のようなものが蓄積されています。そしてその記憶はどうも繰り返す性質を持っているようです。

私がはじめてマンションの一室を購入したとき、不動産屋さんに前の人の売却理由を聞いてみると、「親が家を建ててくれるので売却することにした」とのことでした。つまりプラスの出来事が起きたから売却したということです。

同じように私もその家で暮らした2〜3年の間に劇的にいいことが起きて、次のステップのドアが開きました。

そして先ほど紹介した女社長も、事業がうまくいきだしたため、さらに大きなところへ引っ越したそうです。つまり家の出来事は伝染し、繰り返す。

もちろんマイナスなことが繰り返されるケースもあります。

田園調布で暮らしていたころ、人もうらやむほどの立派な家が近所にあったのですが、どうも人が出たり入ったりしている様子。その物件を見せていただいたときに、不動産屋

の方から聞いた話だと

「この家は本当に不思議な家です。住居される人はほとんど会社の社長なのですが、この家に引っ越してきてから会社がうまくいかなくなったり、いろいろなことが起きるようで」と言葉を濁しました。同じような出来事が、繰り返されていたのです。あとで偶然わかったのですが、必ずなにかの犯罪に巻き込まれるようでした。

実際の部屋はどうだったのかというと、とにかく大きな家でいかにもお金持ちの方しか住めない感じでした。庭には大きな池、玄関の前には立派な大木、地下室にはビリヤード台やバーカウンターが設置された遊戯スペースまで。部屋全体が明るすぎて落ち着かない空間でした。

その後しばらく空き家になっていましたが、今はどうなっているでしょうか。

ほかにも、前住居者が家を出て行った理由が、影響を与えるケースをよく見てきました。ですから家を決める際は、前の方がどうして出て行かれたのかを確認してみてください。理想は、ステップアップして引っ越していかれた物件。運を引き上げる成功のパワーが残っているからです。

これは売買でも賃貸でも同じです。

At age 34

保険の営業を始めたら2年目で営業所長になりました

さて、レストラン閉店で職を失いふたたび生活に困りました。このままでは食べていけない。どうしようかと考えていたときに、知り合いの第一生命のおばさまからお誘いを受けました。いわゆる生保レディのスカウトです。結論から言うと、私はこの仕事に就いてたったの2年で年収2000万円台になりました。ではどうやって、そこまでの成果を出したのかをお話しします。

保険の仕事は、最初はあまり乗り気ではありませんでした。当時の生保レディの印象はどこか悲壮感が漂う、暗いイメージだったからです。でも勉強会に参加するだけで日当2000円が支払われ、お弁当も付くというではありませんか。背に腹は代えられません。とりあえず、という軽い気持ちでまずは勉強会に参加することに。正直ほとんど勉強はしませんでした。だってお弁当が目当てだったから。それでもなんとか試験に合格でき、私は保険会社で働くことになりました。

せっかく働くなら「保険のおばさんのイメージを変えよう」と思った私。まずは見た目から入るため、クレージュのスーツに身を包み、まるでコカ・コーラのCMに出てくるようなキラキラ系女子風にばっちりオシャレをして働きました。さらに20代のころから勉強をつづけてきた九星気学の知識も織り交ぜながら営業をすると、これが思った以上に反響が良く、どんどん成績が上がっていくのです。やはり九星気学は、ビジネスに活かしてこそだと再確認しました。

月給100万円になるのに、そんなに時間はかかりませんでした。ある程度仕事が回り出すと、次は部下を入れるようになります。すると、ますます収入は増える一方。おまけに部下たちにも九星気学のノウハウを伝授したので、私のチームはいつも飛びぬけて成績優秀でした。

こうして私は、入社2年目にして年収2000万円台に到達し、品川支店の営業所長に抜擢されました。

私の営業スタイルは会社のルールとはまったく違うものでした。

たとえば、基本的には許されていない直行直帰も、時間がもったいないという理由で特別に免除。チームみんなで営業に出かけるふりをしてファミレスに集まり、九星気学の勉強会をすることもしばしば。今にして思えば、このときの部下10人が私のはじめての生徒さんでした。もちろんこの勉強会は、営業のための準備です。私のチームは皆、九星気学の知識を営業に取り入れていたのです。

とは言え、ただ知識を使えばいいというものでもありません。「ポジティブなことしか言わない」と決めていましたし、その手法を部下たちにも教えていきました。占いのような類は往々にして、ネガティブなことを言って相手を不安にさせることで主導権を握りますが、私はこれが大の苦手。不安になることを伝えたところで、相手のためにはならないと思うからです。つまり、お客様が前向きになれるような伝え方をする、これが営業のコツでした。

ほかにも、身なりを頭のてっぺんから足のつま先まで整えること、姿勢や笑顔、ヘアスタイル、服装の選び方などのポイントをアドバイスし、チーム全体で売り上げを立てていきました。あまりの快進撃に、ほかの保険会社からの講演依頼が殺到したほどです。

余談ですが、部下たちは皆、営業先で契約をとるだけじゃなく一流企業勤めの結婚相手もめでたくゲットしていきました。これも九星気学の力でしょうか。

あるとき、必ず出席しなければならない重要な会議と、吉方位への旅行が重なったことがあります。私はどうしても吉方位に行きたかった。そこで

「帰ってきたら絶対に何倍にもなる結果を出しますから」

と大口をたたき、むりやり3泊4日の香港旅行に旅立ったのです。

すると、同じツアーに参加していた人がちょうど保険を見直しているとおっしゃるではありませんか。詳しく聞くと、その方は会社の経営者。つまり法人保険をまるごと見直したいという話だったのです！　私はその場で話をまとめ、大きな契約を決めて堂々と帰国しました。本当に、吉方位の即効性と威力にはいつも驚かされます。

LESSON

「売れる営業3箇条 ①身なりの美しさ ②ポジティブな話し方 ③九星気学の知識」

COLUMN

その口癖が、その独り言が、未来をつくっている

これまでいろいろな方の話を聞いたり見たりしてきて、確信していることがあります。

それは、口癖は人生そのものだということです。

たとえば、いつも「あぁーついていない」と言っている人は、まるでセットされているかのように、ついていないことばかりが起きる人生を送ります。

逆に、「あぁー私は本当に幸せ者！」という口癖の人は、どんどん幸せなことが起きます。するとまた「幸せ」と口にしますから、さらに幸せがやってくる人生を歩むのです。

まるで、その人がもっともっと言いたくなるように、現実のほうからわざわざ合わせてセッティングしてくださっているかのようで、口癖には現実を引き寄せる力があるようです。

同じように、心の独り言にも注意が必要です。

ついつい悪いほうに考えてしまって、気がついたら本当に現実になってしまった経験はありませんか。

以前、顔中に湿疹ができて困っているという女性とお会いしたことがあります。病院で

診てもらっても原因がわからず、腫れがなかなか引かないので会社を休まざるを得なくなったそうです。そこで私のところに相談にいらっしゃいました。

お話を聞いていくうちに、彼女の心の奥に「会社に行きたくない」という想いがあることがわかってきました。

その深い想いが湿疹として現れ、彼女が会社に行けない状況をつくり出していたわけです。

そのことに気づいた途端、湿疹は治っていきました。人間の心や体とは、不思議なものです。

このように、心の奥での想いや、いつもつぶやいている言葉も現実に影響を与えることがあるので、できるだけ心の独り言をプラスに変えていきましょう。

こんな場所に暮らしたい！　あんなパートナーが欲しい！　こういうお店に行きたい！　想像するのは自由ですから、どんどんプラスの方向に膨らませてみてください。

At age 34

使い道のないお金で買った下田の別荘

お金はあるけれどどこか空しさを感じる人生と、心は満たされているけれどお金に困っている人生となら、どちらのほうがいいですか？　もちろん理想は、お金があって精神的にも満たされている人生ですよね。しかし生保レディとして成功したころの私は、明らかに前者の人生でした。

仕事をやりだすとついついのめり込んでしまう性格で、仕事、仕事、仕事の生活になっていて、おかげで収入は右肩上がり。でも、忙しすぎてそれを使う暇がありませんでした。

そこで思いついたのが、別荘を買うこと。静岡県下田市にあった３８００万円の戸建て物件を、一括購入したのです。目の前にはおだやかな海が広がり、近くには御用邸もある落ち着いた場所。都会にはない安らぎや高揚感を与えてくれる空間で、ときにはゆっくり休もうと思っていました。

しかし蓋を開けてみると、忙しすぎて別荘に行く暇なんてまったくない。結局2~3年後に売却しましたが、数えるほどしか滞在できませんでした。しかも売ったときには値段が1800万円にまで下がり、このときばかりは私の不動産の神様もお休みされていたようです。

これ以来、別荘は一度も買っていません。お金の無駄だと学ぶことができました。

LESSON

「空しいお金持ちにはなりたくない。目指すのは幸せなお金持ち」

4月29日、私は一度死んでふたたび生まれました

At age 35

4月29日は私にとって命の記念日です。毎年この日になると、すべてのことに感謝する気持ちがこみ上げてきます。あれは忘れもしない、平成になってはじめてのゴールデンウイーク初日、4月29日のこと。私と友人の5人で、神奈川の丹沢まで遊びに行ったときでした。乗っていた車が、崖から10メートル下の川に落ちる事故を起こしたのです。

このとき私は、臨死体験をしました。川へ真っ逆さまに落ちていったとき、もう一人の私が車から飛び出して、上空から車がスローモーションで落ちていく様子をただ眺めているのです。浮かんでいるのは私と運転していた男性。あとでわかったのですが、重症だったのは私とその男性だけで、あとの3人は軽傷でした。回転しながら落ちた車は前の部分が凹み、私のコインケースが川に流されていくのが見えました。私と男性は「すごいシーンだね」と他人事のような会話。なぜかそのときは痛くも寒くもなく、とても幸せなすがすがしい気分だったのを覚えています。すると突然大きな光がやってきて、60代くらいの

男性の太い声で「まだ早いから戻りなさい」と言われました。戻るってどういうこと？ そんなこと考える暇もなく、気がついたらぺしゃんこになった車の中にいました。そこからどうやって脱出したのかは覚えていません。

一命はとりとめましたが、顔の右側を骨折、鼻の下の皮膚が取れる大けがを負っていました。その後、救急車で病院にはこばれ、緊急手術で皮膚はなんとかくっつけてもらいましたが、それでも絶望的な自分の顔。曲がった首や背中もなかなか戻りません。見るも無残な姿にショックを受け、この先自分はどうなるのだろうと将来が見えなくなりました。

でもこの事故のおかげで、私は保険の仕事を辞めることができたのです。当時は多忙を極めていて、いつ体を壊してもおかしくない状況でしたが、成績抜群だったためなかなか辞めさせてもらえませんでした。お金はあるのに全然幸せじゃない、満たされない、こんな人生は嫌だと思っていた矢先の事故だったのです。

「これで辞めることができる」そう思ったのと同時に、「これからは自分の本当にやりたいことをして生きて行こう！」と病院のベッドの上で深く心に誓いました。そして傷を負った顔の右側に自分の手を当て、自分で自分を十分いたわりました。

事故の経験はつらいものでしたが、ただの不運だったとは思っていません。このおかげで手に入れたものは想像以上だったから。それは保険会社を辞められたことと、再婚したことです。事故の前日、私は一人の男性と知り合っていました。その彼が献身的にお見舞いに来てくれたおかげで、私の体も心もどんどん回復していきました。そして、事故から約2ヶ月後の7月7日に入籍というスピード結婚。けがを負っていなければ、こんな急展開はなかったでしょう。

人生には、思い切ってリセットボタンを押さなければ、次に進めないときがあります。でも自分ではその変化をなかなか決断できない。そういうとき、ショック療法のような出来事が起きるのかもしれません。それは一見、不幸のように見えてしまうインパクトがあります。でもその不幸こそが、幸運の正体なのではないでしょうか。ピンチこそが、新しいステージに繋がるきっかけをくれるのでは?

LESSON

「幸運は不幸な顔をしてやってくる」

COLUMN

変わることが、素晴らしい未来を連れてくる

突然やむを得ない事情で変更を余儀なくされたり、病気になったり、物事が進まなくなったりすることがあります。ですがこういった変化は、私たちに本当の人生を考えさせてくれるチャンスと時間を与えてくれているように思うのです。変化してこそ、チャンスがやってくるのですから。

ポイントは、断ち切る必要があるということ。そうしなければ自分の気が変わらないため、新しい気も入ってくることができないのです。

過去の扉を閉めないと、新しい扉は開かない仕組みになっているわけです。

たとえば離婚するとき、次のお相手を見つけてから離婚する人はほとんどいません。でも仕事となると「次の目途はたっていますか?」「次が決まるまで辞めてはいけませんよ」とアドバイスするカウンセラーはとても多い。

ですが、私はそうは思いません。まずはその方の運気と適性を見て、今が上昇気流なら時期と日にちを決めてしまいます。そうでない場合は、適した時期をお伝えしてそれまで

に吉方位でパワーチャージするなど細かいところまでアドバイスします。

そうすると不思議なことが起こり始めます。
・仕事のオファーがあった
・会社を手伝ってくれる人が現れた
・スムーズに辞めることができた
・急にお金が手に入った
なかには会社を辞める日を決めた途端、いい出会いがあり結婚が決まったという方もいらっしゃいました。

40年以上こういったアドバイスをつづけてきましたが、そのまま仕事が見つからなかった人は一人もいません。それどころか人生をステップアップしていかれた人ばかりです。

今、私は起業女子を応援することに力を入れています。昔と違って、今は資本金1円からでも会社をつくれる時代。まずは小さく始めることができるようになりました。だからこそ、変わることやリセットすることをおそれないでほしいのです。

「変わること」。それが、素晴らしい未来を連れてきてくれます。

二度目の結婚、そしてたった7ヶ月で離婚

At age 36

事故がもたらした結婚という選択は、その後の私の人生に大きな影響を与えました。ここから怒涛の変化がつづいていきます。

思えばこの結婚は、とても不思議な結婚でした。彼は一級建築士。高校卒業後、苦労して一級建築士の資格を取った努力型の人。私と出会うほんの数ヶ月前に亡くなられたアルツハイマーのお母様を一人で看ていたので、42歳にしてやっと結婚を考えられるようになったようです。そんな彼からの突然のプロポーズ。けがで心身ともに弱っていた私を毎日励ましてくれた彼の優しさに惹かれ、プロポーズをお受けしました。

家の設計が好きな私は、彼と一緒に仕事をすることもありました。風水や家相学の知恵を活かした「運が喜ぶ家!」というプロジェクトをスタートさせると、設計段階で6棟が即売約済みに。彼は寝る暇もないほど忙しくなり、仕事がどんどんうまくいき始めました。

しかし、結婚生活の雲行きはすぐにあやしくなりました。きっかけは、一本の映画です。ハワイへのハネムーンに向かう飛行機で観た『フィールド・オブ・ドリームス』の感想があまりにもかけ離れていたのです。

『フィールド・オブ・ドリームス』は、ケビン・コスナー扮する主人公が見えない世界やシンクロニシティをとおして自分の心の声に気づき、人生で一番大切なものを見つけるというストーリーです。この映画のメッセージは、心に深く入り込んで感動する人と、こんなの馬鹿馬鹿しいと笑う人とを分けました。私は前者、彼は後者だったのです。挙式のために乗った飛行機の中で、私は埋められない価値観の違いに気づいてしまいました。

結婚生活はたったの7ヶ月で終わりを告げました。決定的だったのは、彼に好きな人ができたこと。世間的には不倫としてとがめられても仕方のないことだと思いますが、私は慰謝料もなにも請求せずにスパッと縁を切りました。一度目の離婚のときに裁判で苦労した経験がありましたし、そこにかける時間や労力がもったいないと感じたのです。そしてなにより、彼はすでに慰謝料以上のものを私にもたらしてくれていました。

それは、九星気学の仕事を本格的に始めた場所、私の運命を大きく変えたマンションです。

離婚が決まる2~3ヶ月前、私は九星気学の鑑定を本格的に始めるための住居兼オフィスを探していて、どうしても「ここに住みたい！」と思えるマンションを見つけました。人に一目惚れしたことはありませんが、物件に限っては「惚れる」という感覚を持っている私。「ここに住めばなにか面白いことが起きそう」とひらめいてしまったのです。

そのマンションは、今も世田谷区駒沢にあるマンション。家賃はその当時、一番安くて45万円、高い部屋だと200万円ほどする超一流物件です。実は当時、あの高倉健さんも住んでいらしたという噂で、専用の出入り口が別にあるようでした。

さてこれだけの高級マンションです。普通に考えれば私一人で暮らせる家ではありません。入居審査も極めて厳しいですし、すでに2組も先約がある状態でした。そもそも女性の一人暮らしは認められないとのことで、夫婦の年収証明証が必要になりました。そこで夫にお願いし、二人分の年収証明証を用意。しかも夫の職業は一級建築士です。これも信頼に繋がり、3番目に予約することができました。

すると、なんということでしょう！　前の2組がキャンセルされ、入居の権利が私に回ってきたのです。こうして私は一目惚れしたマンションに、入居することができました。

夫の不倫が発覚したのはその直後。そしてあっという間に、離婚が決まりました。私は慰謝料を求めなかっただけでなく、彼と一緒に住むためにそろえた家電もすべて新しいカップルに無償でさしあげました。なぜって？　それは駒沢のマンションには家電がすべてそろっていたから。これもすべて不動産の神様の采配でしょうか。

こうして私は二度目の離婚をし、駒沢に夢のような環境を手に入れました。彼との結婚生活はとても短いものでしたが、今にして思えば保険の仕事で忙しかった私が羽を休め、ふたたび巣立つことができたのは彼のおかげのように思います。たくさんのことを学ばせてくれ、そして駒沢のマンションに不動産の神様とタッグを組んで私を運んでくれた2番目の夫には、足を向けては眠れません。ここからいよいよ、本格的に私の風水心理カウンセラーとして仕事が始まっていきます。

LESSON

「去る者は追わず。スパッと切り替えて前を向けば次の展開も早くやってくる」

家賃45万円のマンションで事業スタート、その結果は

At age 36

駒沢のマンションに入居するための初期費用は300万円超。母からは「すぐ引っ越すことになるだろうから段ボールの荷物はほどかないほうがいいわよ」と言われました。

一方、当の私は貯金が底をつくまで、数ヶ月間だけでも暮らせたらいいだろうと楽観的。なによりもこういう「暮らし」を体験したかったからです。緑がいっぱいの敷地、受付にはコンシェルジュ、夢のような素敵な空間にいられるだけでウキウキし、仕事も頑張れそうな気がしていました。

すると、いい場所を選んだからでしょうか？　経営者や、ある程度のステータスをお持ちの方から問い合わせが来るようになりました。

そうして2ヶ月ほどたったころ、人からの紹介で、ある地域の長者番付1位を誇る一族の方がお見えになったのです。

相談内容は「父がいつごろ亡くなるのか知りたい」というものでした。残念ながら九星気学では人の最期を観ることはできません。でも運気のバイオリズムはある程度わかります。私はそれを断ったうえで、お父様にとって注意すべきタイミングをお伝えしました。

後日、その男性が「お礼がしたい」といらっしゃいました。なんと、私がお伝えしたタイミングにお父様が他界されたとのこと。事前に日付を意識していたおかげで早めに諸々の手続きに着手でき、心構えもできたようで、わざわざお礼に来てくださったのです。

そして「谷口さんの夢はなんですか？　お礼になにかさせてください」と言うではありませんか。まるで映画『プリティウーマン』のような展開。このときの私には、明確に欲しいものがありました。それは家でも車でも、高価なドレスでもなく……。

私は会社を設立するために「1000万円を貸していただきたいです」と言いました。

この仕事を始めたときから、いつか会社にしたいと思っていました。21歳で九星気学に出会い宮田先生のところで勉強し始めたころから、この知識はビジネスに活かせるものだと確信していたので、会社関係者の方々が利用しやすいように、そして信頼されるように法人化したほうがいいと思っていたのです。

ですが、当時は会社にするためには最低でも1000万円が必要でした。さらに難しい手続きもよくわからない状態。その想いと現状を伝えると男性は「わかりました。それでは会社をつくりましょう。社名を考えておいてくださいね」と言って本当に手配してくださったのです。しかも、ご自身がいくつも所有する会社のひとつを新しくつくる会社と業務提携してくださいました。

こんな夢のようなことが、本当に起こったのです。

後日伺ってみると「こういうきちっとした場所で仕事をしていたので信用しました」とおっしゃっていただきました。やはり場所の力、環境の重要性は馬鹿にできません。駒沢のマンションという空間が、私に奇跡を運んできてくれたのです。

ちなみに、このときの1000万円はしばらくしてから全額お返しできました。なぜなら、その方の会社とコンサルティング契約をしたり、ご紹介いただいた仕事もどんどん増えていったからです。

LESSON

「理想の環境が理想の現実を連れてくる」

株式会社スターデーリー誕生の瞬間

At age 37

　夢のような経緯で１９９０年6月、私の会社「株式会社スターデーリー」が誕生しました。あれから30年以上、なにも知らなかった私がよくつづけることができたなと思います。この間には、もちろん良いときもあればそうでないときもあり、たくさんの仕掛け人たちが、私を試したり学びを与えてくれたりしました。その話はおいおいお話しするとして……それらの経験があったからこそ、今はお客様にお伝えできることも増え、すこしは希望を与えられる存在に近づけているのかな。
「スターデーリー」という名前には、まさに「人々に希望を与える」という意味が込められています。

　例のお客様から「社名を考えておいてくださいね」と言われたものの、なかなかいい名前が浮かばず決めかねていました。すると突然、本棚から一冊の本が落ちてきたのです。

その本は、「スター・デーリー」という人物のことを書いた谷口雅春さんの本でした。買ったことすら忘れていた一冊の本。私はピンときて、読み直してみました。

スター・デーリーは、実在したアメリカのギャングの元親分です。極悪非道な犯罪を重ね投獄されていたデーリーは、死の淵にあったとき不思議なことを経験します。本には「神様が下りてきて大きな光に包まれた」とありました。

これを機に改心したデーリーは一変、模範囚となり囚人たちに生き方を説くようになります。変人扱いされ、独房に移されると、そこにいた老囚人から数学や天文学などを教えてもらうように。

そして老囚人は、彼が出所する日に名前を贈ったそうです。

「お前はこれからスター・デーリーと名のり、人に希望を与える存在になりなさい」と。

名前がもたらす効果は、すごいものがあります。スター・デーリーが世に出たころは世界恐慌の時代で、普通の人でさえ仕事がありません。

そんな中でも彼は仕事を見つけ、家庭を持ち、全米中を講演して回り、名前のとおり人々に希望を与える存在になりました。

この本を手に取ったとき、これだ！　と思いました。彼のように、人々に希望を与えられる会社にしていきたい。

こうして誕生したのが株式会社スターデーリーです。あのとき本棚から落ちてきたのは、偶然ではなかったと今でも信じています。

LESSON

「名前は人生を決める大切なもの」

第3章

仕事に邁進、そしてシングルマザーになる

留学で気づいた日本人とカナダ人の違い

At age 37

秋が深まる季節になると、いつも思い出すのは大好きなカナダ、バンクーバーで過ごした日々です。ほんの2ヶ月間、旅行者ではなく日常の暮らしを経験したことで、本当に大切なものを見つけることができました。

バンクーバーに行ったきっかけは、知り合いのオランダ人のお医者様から、英語の習得をすすめられたから。

「もうすこし英語を勉強してごらん。これからの君の人生に絶対に役立つよ。僕はカナダのバンクーバーがいいと思う」

当時の私の仕事は、順調そのもの。でも仕事をしていてもなんだか楽しくない、ワクワクしなくなったのです。このままではエネルギーが枯渇してしまう。そこで、すべての仕事をキャンセルし、2ヶ月間完全に休んでバンクーバーでホームステイをしながら語学学校に通う計画を立てました。

初秋のバンクーバーの空港に降り立つと、真っ青な海と空、真っ赤なカエデの国旗が風にゆれながら出迎えてくれました。あのときの感激は忘れられません。

そして、語学学校での初授業の日。教室に女性の先生が入ってきました。「ハロー」と言ってニッコリ微笑んだ先生は、突然黒板に英語でこう書いたのです。

名前　リンダ
年齢　42歳
離婚歴　1回
ボーイフレンド　25歳　中国人

唖然としている私たちに「前の夫も、とても素敵よ」とスマイル。リンダ先生はかつて、舞台女優をしていたそうです。今の彼が大好きで結婚したいけれど、パスポートの問題がたくさんあって難しいの、と。

なんて素敵な女性なのでしょうか。この歳でこんなにイキイキと輝いている女性を見たのは、このときがはじめてでした。しかも初対面の私たちに、離婚のことをオープンにするなんて。

当時の私は、離婚歴があることで自信をなくしていました。「2回も離婚したなんて、口が裂けても人には言えない」と思っていたのです。

ですがそんなこと、カナダではまったく恥じることでも格好悪いことでもない。心の中でこだわっていたことが、スーッと解けていきました。

ほかにも、日本人は見た目を気にしすぎなのだと気づきました。

留学に来たばかりの人は、みんなしっかりとメイクをして、いい洋服やバッグを身に着け登校してきます。ですが慣れてくるとだんだんメイクが自然になり、服装もシンプルに変わっていくのです。クラスを見渡したときに、誰が滞在歴が長くて、誰が来たばかりなのかが一目でわかるほど。そしてみんなナチュラルになればなるほど、魅力的になっていきます。

お弁当ひとつとっても、カナダの人たちはとても質素。先生方が食べていたのは、パンにピーナツバターを塗っただけのシンプルなランチです。紙袋からサッと取り出して、その辺で人目も気にせず食べている。カナダ人が日本のキャラクター弁当を見たらきっとビックリするでしょう。

手の込んだお弁当ももちろん愛があって素敵ですが、私はこのとき「今できることをする」という肩に力の入っていないライフスタイルを見て、とても感動しました。

LESSON

「シンプルでいい、ナチュラルでいい、今できることをすれば十分」

「英語」ではなく「人生」を学ぶ語学学校の授業

At age 37

英会話初心者だった私でも、大切な言葉、心のこもったメッセージはなぜか聞き取れてしまうから、人間のコミュニケーションとは不思議なものです。

個人レッスンを担当してくださったジェニー先生の言葉は、どれも名言ばかりで心に書き留めておきたいものばかりでした。

『Sleeping Beauty』（眠れる森の美女）を題材にレッスンをしているとき、先生からこんな質問。

「どうしてお姫様が眠りについたら、ほかの動物たちも全員眠ってしまったと思う？」

つづけて、こう言います。

「あなたの中の一番大切なものが眠ってしまったら、体中が睡眠に入ってしまうのよ。つまり自分の中心、一番大切なところは、いつもイキイキとさせておくことが大事なの」

なんていい言葉なのでしょう！　一冊の物語から、これほど深い人生のヒントを読み取るなんて、そしてそれをレッスンで取り扱うなんて。日本語の授業ですら、経験したことありません。

ジェニー先生とは、一緒にランチをすることもありました。あるとき私からお誘いしたランチのあと「私がお支払いします」と言うと、先生は

「一番大事なことはね、お金を払うことじゃなくて時間を共有することなのよ」

と一言。

これまた、感動！　私はお礼を伝えて財布をそっとしまいました。ジェニー先生との会話の中には、たくさんの美しい言葉があり、一冊の本が書けてしまうくらい今でも心に残っています。

授業で取り扱ったディスカッションのテーマも忘れられません。たとえば「養子縁組についてどう思いますか」というテーマで、スウェーデン人やメキシコ人などいろいろな国の人とディスカッションをしました。また別の日には、「堕胎について話し合いましょう」という授業も。どれも難しいテーマですし、経験がないため考えたこともありません。それでも自分の考えを伝えなければならない。日本では友人と集まると誰かのうわさ話や芸

能人の話、愚痴など、ネガティブな話題になることが多いと思いますが、海外ではこういった社会問題について日常的に話しているのです。

一番ショッキングだった授業は、ストリートチルドレンと話すというもの。街に行って実際に子供たちにインタビューするというのです。これには好奇心旺盛な私もさすがに「えー、怖いので嫌なんですけど……」と尻込み。でも特別扱いなんてありません。

いざ街へ入ってみると、口から目が飛び出したような絵が壁に描かれているのを見て、いきなり足がすくんでしまいました。

そこにいたのは、体中にタトゥーを入れた子供たち。でも、みんなパンクな見た目とは違い、お茶を出してくれたりと優しいのです。私はさっそく「なぜここにいるの?」「将来はどうなりたいの?」と聞いていきました。とにかく夢中で内容まで覚えていませんが、日本にいては考えもしなかった世界を見ることができました。

LESSON

「英単語を覚えることよりも、大切なことがある」

カナダで学んだ一番大切なもの

At age 37

そんなカナダでの一番の学びは、〝消費することではない楽しみ〟をたくさん知れたことです。

あるとき、土日のデパートが閑散としているのを見てビックリしました。東京のデパートの賑わいを知っている私には、考えられない光景です。みんなどこに行っているの？　夜7時をすぎたら繁華街も静かになっていきます。仕事が終わったらどこに行くの？　みんな家で家族と過ごす時間を大切にしているようです。

東京でモノと便利さに囲まれた暮らしをしていると、自然や家族のありがたさに鈍感になってしまう。でもカナダの大自然の中にいると、どうしても男性と女性が力を合わせて暮らす必要があります。

そう、男性は山へ暖炉の木を集めに行き薪を割る、女性は家でスープを温め待つという暮らしが自然とできあがるのです。

ある日、リンダ先生から「日曜日、暇だったら私の家族と過ごさない？」とお誘いをうけました。リンダ先生のファミリーは、1ヶ月間だけ森の中でトレーラーハウス暮らしを満喫中。変わった家族だと思いましたが、いいえ、カナダ人にとっては自然の中で家族と一緒に過ごすことがなによりも幸せなのです。

またジェニー先生から「遊びに来て」と誘われたことも。湖のそばに建つ素敵な家で猫と暮らしている彼女は、休日は絵を描いて過ごしていました。50歳になるジェニー先生には10歳年上のボーイフレンドがいて、土日になると一緒に過ごすのですが、誰も二人に「結婚はどうするの？」なんて聞いたりしません。今だとＬＧＢＴと言われるカップルにもたくさん出会いましたが、みんなとても自然体で幸せそうでした。

そんなカナダ人のライフスタイルに触れるうちに、カチカチの私の価値観も変化していきます。

バンクーバーに行く前に大切に思っていたものは、ブランド物のバッグ、時計、服、名誉、お金、セレブな生活でした。

でも帰ってきてから思う大切なものは、家族や友達と過ごす時間、太陽の光、気持ちの豊かさ、毎日を工夫して楽しむことに変わっていたのです。そこで、まずやったことはブランドもののバッグと着心地の悪いフォーマルな服を処分することでした。

そういえば、アルコールも一部のお店でしか買えず、ファッションも目まぐるしく変わるわけではありませんでした。

なにもないところだからこそ、大切なものが見えてくるのかもしれません。

LESSON

「シンプルな生活の中に、本当の幸せがある」

COLUMN

失敗学のすすめ

前に、心理学でこのようなことを学びました。欧米は「父性教育」、失敗をさせてなぜそうなったのかを教える文化。日本は「母性教育」、親も学校も失敗は悪として、失敗しないように、させないように教える文化だと。この背景のひとつには、武家や侍の時代からつづく日本の「恥の文化」が関係しているようです。ですが、これでは失敗に対する免疫ができません。だから社会に出て〝やらかす〟はじめての失敗で、もう自分はダメ人間だと傷ついてしまうのです。失敗しない人なんていないのにね。

そういう私の人生は、まさに失敗だらけの人生。両親、とくに父親からは「離婚はダメ」「転職はダメ」「変わることはダメ」だと言われてきました。これらは本当にダメなこと、失敗なのでしょうか？　誰かが決めた「失敗」という考えは、どこかのゴミ箱にポイッと捨ててしまいましょう。

失敗は、恥ずかしいことではありません。もっと言えばこの世に「失敗」なんてないと思うのです。すべての失敗は、幸運の扉、幸運の呼び水になるのですから。失敗をおそれず、恥じることなく生きていく。これが「失敗学のすすめ」です。

お隣のアメリカ人と急接近、彼を追いかけNYへ飛んだ私

At age 38

大人になってから、自宅とオフィスを合わせて20回以上は引っ越しを経験してきました。場所を変えるときに意識していることは、そのときの家よりすこしだけアップグレードするか、まったく違う環境に飛び込むか。そして必ず吉方位であることを確認することです。今では笑い話となる出会いがあったのも、そんな、すこしアップグレードした部屋に移ったときのことでした。

駒沢のマンションで始めた風水の仕事は、予想以上に順調。私はすぐに、上層階に引っ越すことを決めます。家賃は一気に2倍にまでアップ。自宅兼オフィスだったとはいえ、大きな決断でした。

すると、しばらくしてお隣の部屋にアメリカ人の男性が引っ越してきたのです。我が家

のルーフバルコニーから彼の姿がチラッと見えたとき「あら、イケメン」と気づきました。

そこで、彼が出てくるタイミングを見計らって、私もさりげなくバルコニーに出ると、青い目をした彼が話しかけてきました。しかも日本語ペラペラ！　聞くと、彼は証券会社で働いているそう。

それから仲良くなり、一緒にご飯を食べたり、離婚した元奥様との間に生まれた息子さんを紹介してくれたり、いい感じです。

これって脈ありかもと思っていたのですが、そんな矢先に彼のニューヨーク赴任が決まりました。ショックを受けていると、彼から「ニューヨークに遊びに来ない？」とお誘いが。そして、彼が住むマンハッタンのアパートの近くにあるホテルを予約してくれたのです。さあ、映画のような展開になってきました。

証券マンの奥様？

ニューヨークに移住？

そんな未来が見えてきて、俄然妄想が膨らみ始めます。はりきってＪＡＬのファーストクラスを予約し、私はニューヨークへ飛び立ちました。機内では自分たちの子供の名前まで考える始末。彼から家に遊びに来ませんかと誘われていたので、もうドキドキだったのです。

ホテルに着き、さて準備開始！　キラキラにドレスアップして、髪の毛を巻いて、風に揺れるイヤリングを付けていたその時、電話が鳴りました。

「すみません、ガールフレンドに言ったら喜ばないから、外で食事しましょうね」

彼女いたの？　どういうこと？　言葉を失っている私に、彼はつづけて「美味しいオイスターを食べに行きましょう」と外食のお誘い。断ることもできず、私はアメリカまで行って牡蠣を食べて帰ってきました。結局彼とは、手を繋ぐこともなくサヨナラ。今でも牡蠣を食べるとお腹を壊しやすいのは、このときのせいでしょうか。

それにしても、彼女がいるなら先にそう言っておいてほしいものです。ファーストクラスで行ったのに……。行き場のない気持ちを誰かに聞いてほしくて、ニューヨーク行きを応援してくれていた知人の男性に泣きながら電話をかけました。

するとその人は

「谷口さんは前向きだから、いい人がすぐに見つかりますよ」

と笑って慰めてくれたのです。まさかその人が娘の父親になる人だなんて、このときは思いもしませんでした。

今では、このニューヨーク失恋物語も笑い話。どんなこともネタになるし、こうして本にも書けるのだから、あの失恋はハッピーエンドだったと言ってもいいでしょう。

LESSON

「どんなこともネタ、どんなこともハッピーエンド」

母の夢を叶えたい、鎌倉で起きた奇跡

At age 38

38歳のとき、鎌倉に家を買いました。そのきっかけは、母のたっての願いから。「もしも人生の望みが叶うなら、鎌倉で暮らしたいし、鎌倉婦人と呼ばれたいわ」母はいつもそう言っていました。なんとも単純な発想ですが、人の願いとはこういうものです。

ですが実際の母の生活は、ハナエモリブランドを退職後、百合ヶ丘の家でパーキンソン病を患った父を介護する生活。このままでは、母の夢は叶いそうにありません。だとしたら、叶えてあげられるのは私しかいないと思ったのです。

気軽に海まで散歩に行き、潮の香りを感じ、神社仏閣をゆっくり巡る生活。新鮮な魚や野菜、美味しいお店もたくさんある環境。観光客であふれ、毎日がお祭りのように賑わう

〝ハレの町〟、鎌倉。

よし、その夢、私が叶えてあげましょう！

さっそく物件を探してみると、売りに出ているマンションはどこも信じられないほど高額でした。当時は大手の不動産会社が鎌倉に力を入れていたこともあり、購入するのはひっくり返っても無理そうです。そこでまずは、海のそばの低層マンションを借りることに。

ところが、ここから信じられない奇跡が起き始めます。

・奇跡①　百合ヶ丘の実家が高額で売れた

その額なんとびっくり価格！　不動産屋さんには「高すぎます」と言われたのですが、私が思い切りよくつけた言い値ですぐに売れたのです。

築20年以上の古家と80坪の土地が高く売れた理由は、小田急線の複線化にともなって線路沿いに住んでいた方々が家を探していたから。売りに出した途端、急いで購入したいという人が現れ、言い値で買ってくださったのです。

・奇跡② はじめて高額のローンが通った
家が売れたといっても鎌倉のマンションを買うには程遠かったため、恐る恐る銀行に融資を申し込みました。すると、はじめて私に高額ローンが通ったのです。

・奇跡③ モデルルームを格安で購入できた
資金準備が整ったタイミングを見計らっていたかのように、不動産会社から「一部屋だけ、モデルルームに使っていた部屋が空いているので買いませんか」と直接話が来ました。これが信じられないくらい安い価格でビックリ！

・奇跡④ モデルルームで使用していた家具、タオル、お鍋や食器、すべて無料でくれたしかもイタリア製のお高そうなものばかりでした。

こうして、めでたく鎌倉の由比ヶ浜にある低層マンションの一室を購入することができたのです。はじめて両親をこの部屋に連れて行ったとき、父は「恐ろしいことが起きた」

と言い、母は「信じられない」と言いました。

思えばずっと私は母を幸せにしてあげたかったのです。

映画『グレイテスト・ショーマン』のなかに似たようなシーンがあります。貧しかったヒーローがお金持ちのお嬢様を妻にし、いつかはちゃんとした暮らしをと頑張り、ついに新しい家を購入。妻に目隠しをして新しい家に連れて行き

「これが、君が望んでいた人生だよ」

と言って目隠しを取るシーン。これを観たとき、あのときの母への気持ちを思い出して涙が止まりませんでした。

母の夢を叶えることが、私の夢だったから。

LESSON

「夢を叶える気持ちを、神様は応援してくれる」

At age 38

老人4人の鎌倉生活、はたしてうまくいくのか？

さて、家を購入できたのは良かったものの、そこは190㎡もある4LDKタイプの広い家。両親二人で暮らすには持て余してしまいます。空いている部屋をどう使いましょう。

ときを同じくして、私は、のちに娘の父親となる方の相談に乗っていました。ニューヨークでの失恋を笑って励ましてくれた彼です。

彼には軽い認知症のお父様と、脳梗塞で倒れて車いす生活になったお母様がいたのですが、一人で二人のことを看ていました。

そんな困っている人がいるのよね、と母に話したら

「賑やかになるほうがいいわ」

と、鎌倉の家でその方の両親も一緒に面倒を見ると言い出したのです。

母はたしかに昔からいい人でしたが、これはさすがに神様のような発言。父の介護だけでも大変なのに大丈夫？　と心配になりましたが、本人は、

「自分の夢が叶ったからなにかで還元したい」

と前向き。

こうして、私の両親と彼の両親、老人4人の鎌倉生活が始まったのです。


しかし、思ったとおり、しばらくして母からSOSの連絡が。「だからホラ……」と言いつつも、私が紹介した手前、放っておくわけにもいきません。仕事の合間を縫って東京と鎌倉の往復、今流行りの2拠点生活で、仕事と介護との両立が始まりました。

LESSON

「幸せを還元したい、夢のペイフォワード」

預けていたお金がない！一文無しで家を手放す

At age
38

駒沢の高級マンションに住み、鎌倉にもマンションを購入。あの吉永小百合さんも通うスポーツクラブに入会して、勘違いのセレブ生活を送っていた私は、正直もうこれで人生安泰だと思っていました。

事件が起きたのは、そんなときでした。まさか自分が騙されるなんて。詐欺にあったと気づいたのは、相手と連絡が取れなくなったときです。

ある時期から仲良くなった知人の男性。その人の父親は裁判官で、そんなお家柄ということもあり、とても人を騙すようには見えませんでした。

その人から、「最初に○○万円を預けてもらえれば毎月○○万円が戻ってくる」という投資話をもちかけられたのです。これで鎌倉のマンションのローンも払えるじゃない！さっそく投資を始めました。

すると、最初のうちはお金が戻ってきていたのですが、3ヶ月もしたら戻ってこなくなり、その人とも連絡が取れなくなりました。よくある詐欺のパターンです。

しかもこのときの私は、よせばいいのになけなしの全財産を預けていたのです。

一気に、一文無しになりました。銀行のローンはほとんど残っている。もうしょうがなく、鎌倉の家を売りに出しました。それでも値くずれして、買った時の3分の1にしかならず借金だけが残りました。

今にして思えば、当時の私は、お金は少々ありましたがどこかで人生につまらなさを感じていたのです。そんなときに起きたのが、この詐欺事件。ゼロからスタートしなさいという意味だったのでしょうか？　それにしても、まいりました。

LESSON

「うまい話にはわけがある、というのは本当」

6万円のアパートか、40万円のマンションか

At age 39

住む家にこだわり、環境を選ぶことで幸運に恵まれてきた私ですが、このときばかりはお金がない。目の前には、二つの選択肢がありました。一つは家賃6万円のアパートでゼロからスタートする。もう一つは、吉方位にある天王洲アイルの家賃40万円のマンションに引っ越す。我ながら極端な選択です。

でもここで、40万円の部屋に決めてしまうのが私。物件を見た瞬間に

「ここに住めば面白いことになりそうな気がする」

と、またいつものように物件に惚れてしまいました。

不動産屋さんの話だと、とてもいい部屋なのにずっと借り手が見つからないそう。これもご縁と思い、駒沢のマンションの解約で戻ってきた敷金をまるごとつぎ込み、天王洲アイルに引っ越しました。母からは相変わらず、いつでも引っ越せるように荷物は開けないようにとの忠告が。

このことをきっかけに、私はまず今までの仕事のやり方を変えることにしました。九星気学の知識＋心理学を教えるスクールをスタートすることにしたのです。

スクールには、たくさんの人たちが集まってくれました。きっとこのとき、みんなが求めていたものだったのでしょう。若い彼女たちは海の見える天王洲のマンションに「キャー、素敵」と喜んでくれました。まさに場所の力、家の力で集客できたのだと思います。

それに部屋が気持ちいいと、やはり私自身のやる気が変わります。家賃が高いからいいとか、低いから悪いとかではなく、気分が良くなるかどうかが大事。それでいうと、このお部屋は大正解だったわけです。

あの詐欺事件がなかったら、仕事のスタイルを変えることもなかったでしょう。そう考えると、きっかけをくれた詐欺事件にも、意味があったように思います。

LESSON

「気分がいい場所を選べば、自然とやる気もよみがえる」

楽しそうなほうを選んだら運命の人と出会えました

At age 40

すこし、時間がさかのぼりますが、娘の父親との出会いについてお話しします。

Hさんと出会ったのは、私が38歳のとき。秋の風が心地いい10月でした。私は毎日忙しくスケジュールをこなしていて、ある日、同じ時間にふたつの予定が入ってしまったのです。一つは、これからの仕事に繋がっていきそうなパーティー。場所は大使館。でもなんとなく心が重い。もう一つは、まったく仕事に繋がらない集まり。場所はおでん屋。こちらはなんだか楽しそうな予感。

私はなにかを選択するとき、必ず心の中の深いところで自分に問いかけます。

「どっちがワクワクする?」

秋は日本酒が飲みたくなる季節! もちろんおでん屋を選択しました。

その会合にすこし遅れて行ったとき、一人でおでんをパクパク食べている不思議な方がいました。Hさんです。挙句の果てに、私の目の前にあるおでんまで食べてしまいました。

帰りに「近くですから」と家まで送ってくれたHさんに、私はあることを聞いてみました。

「実は私、ニューヨークに大好きな人がるんです。女性から『好きです』と言っても大丈夫でしょうか」

「これからの時代の女性はそうでなくっちゃ！」

と、Hさんの一言に励まされニューヨークに向かった私は、結局振られて帰ってきました。失意の底で足を引きずって帰ってきた私に、「残念だったね」となぜかうれしそうな彼。

これが、娘の父親となる人との出会いでした。


Hさんはとても優しくて、まるで仏様のような人でした。ある有名なアパレルブランドを経営する一家の一人で、ご自身も経営者でしたが、カリカリした感じはまったくありません。神仏を大切にし、亡くなった社員のために般若心経を唱えるようなタイプなのです。けっこう太めの体格で、けっしてイケメンではありません。それでも、私はHさんの精神性がとても好きでした。アートが好きで、特にまだこれから！という若いグループを育てていたり。よくその方たちの絵を買って、私にうれしそうに見せてくれたのを覚えています。そんな彼にひかれてお付き合いを始めることになりました。それが40歳の時です。

ですが、人の良いHさんはよく人から騙されてお金を持っていかれていました。優しすぎて人を信じすぎて、いつも貧乏くじばかり引いていたのです。ついには自分の会社から追い出され、多額の借金を背負わされてしまいました。それでもHさんは、ものすごくポジティブなのです。とても元気で前向き、人の悪口や愚痴も言いません。

私が詐欺にあって大きな借金を抱えたときも、「すこしずつ返せばいいんだよ」と励ましてくれました。しかも銀行にかけあってくれたおかげで、毎月1万円の支払いでいいということになったのです。おかげで精神的にも楽になり、毎月できるかぎりの返済をつづけていたら、いろいろとミラクルが起きて一気に返済が完了してしまいました。それもこれも、きっとHさんがいてくれたおかげです。

そんな彼は、今はもういなくなってしまいましたが、私も旅立ったとき、向こうで会いたい人は？　と聞かれたら、彼にだけは会いたい！　と思っています。

LESSON

「なによりも大切なのは、精神的な繋がり」

COLUMN

運がレベルアップするスリーステップ

予期せぬことが起きたとき「さあ、次はなにが来るか、楽しみにしておきましょう」と私はいつも思います。

なぜなら、これまでの人生を振り返ると、なにかが起きて困ったあとに必ず面白い展開がやってきたから。この方程式に外れはありません！　そしてそこには、あと二つのポイントがあります。

一つは、事件の前に必ず力になってくれる「キーパーソン」に出会っているということです。交通事故の前日に出会った2番目の夫もそう。詐欺にあう前に出会ったHさんもそう。皆、事件の直前に出会っていて、その問題を解決してくれたのです。

ではなぜ、こういう出会いに恵まれるのか。これは、私だけの特別なことなのでしょうか？　いいえ、そうではありません。誰にでも出会いはあるはず。

ですが、ご縁に気がつかなかったり、面倒くさかったりして見逃してしまっているのでは？

私は、普段から面白いと思ったら即、行動にうつします。会いたい人にはすぐに連絡を入れたり、直接会いに行ったり。面白くなければサヨナラするのも早いです。そうやってアンテナを張っているので、いざというときに必要な人を引き寄せているのかもしれません。

もう一つのポイントは「今やれることをやる」こと。

私の場合、その原動力は家賃です。どんなにつらいときでも、家賃は変わらず発生します。このときもし5万円くらいの家に住んでいたら、しばらく休もうかなと思っていたはず。ですが40万円のマンションではそういうわけにもいかないので、「今やれることをやるしかない」とスイッチが入るのです。

すこし高いと感じる家に住んで自分に負荷をかける。こうして、やるしかない状況をつくっておくと、必ずレベルアップのきっかけが見つかります。

つまり、運がレベルアップするときの法則は、

「出会う」→「事件勃発」→「今やれることをやる」というスリーステップなのです。

41歳で娘を出産、シングルマザーでも幸せになれますか?

At age 41

天王洲アイルでの仕事が軌道に乗り出したころ、40歳のときにHさんの子供を授かりました。入籍するつもりはなく、自分で働いて、一人で育てようと決めての妊娠です。

結婚というルールを踏まずに子供を産むという娘。父はあまりのことに言葉を失い、落胆していました。母はなにも言わずただ黙っていました。

誰の子なんだと問い詰められ適当な芸能人の名前を出してごまかしましたが、もちろん通用するわけもなく本当のことを話しました。

思えば、これが人生ではじめての両親への反発でした。一度もぐれず、不良にもならなかった私。タバコはもちろん、家出すらしたことはありません。そんな、ずっといい子で育ってきた娘が未婚の母になるなんて、両親にとっては一番嫌だったに違いありません。

世間の目を気にする親の影響で、私自身も小さいころからまわりの視線を気にしてビクビクしてきました。そんな自分がよく、決意をしたものだと思います。

40歳になって、はじめて不良になることができました。ちょっと遅かったかもしれませんね。

さて、シングルマザーで子供を育てる決意をした私ですが、当然簡単なことではありません。高齢出産はいろんなリスクの確率が上がると言われていますし、大丈夫だろうかと日に日に不安が大きくなっていきました。

ですが、そういうときに限ってなのでしょうか。不思議とお客様とのカウンセリングの中で、子供の話がよく出てくるのです。あるお客様は

「子供に障害があるのだけれど、兄弟で助け合っていて、とても仲良しなの」

と幸せそうに話してくださいました。

また、ある本を読んでいると

「すべては成長のために起きるのだから、良いも悪いもない。はじめから決まっている」

という言葉が目にとまりました。

そうよね、すべてのことには意味がある。そう思えたとき、出産に対する恐怖はなくなりました。なにがあっても運命を受け入れようと決めたのです。

おかげさまで、生まれる前日まで元気に働くことができました。こうして41歳のときに生まれた子供が、娘のスバルです。

LESSON

「高齢出産でも、未婚のシングルマザーでも、もちろん幸せになれる」

COLUMN

ドリームキラーに気をつけて

「そんなことありえない」

「絶対に無理」

と、口癖のように言う人がいますが、それは自分自身に可能性がないと言っているようなものです。

自分に自信がない人ほど、そういう言葉を使います。

娘が生まれたとき、学生時代の友人がお祝いに来てくれたのですが、小学校の先生をしている友人はこんなことを言いました。

「これから一人でどうやって育てていくの？」

「シングルマザーだと必ずいじめられるわよ」

がーーーん。ひどい、一番不安なところをついてくるなんて。

それも「必ず」とは。学校の先生に言われて余計にショックでした。

でもこの言葉のおかげで、負けない！　絶対に娘をちゃんと育てる！　と心に強く誓ったのですから、今考えるとありがたい神様からの言葉です。

ちなみに大きくなった娘に、そのことでいじめられたか聞いてみると、

「そんなの今のご時世あるわけないでしょう。クラスに離婚している家の子けっこういるし。ホラ、シングルマザーで育った○○君なんて東大卒業して悠々自適だよ」

とプラスの言葉を返してくれました。

良かった。友人の言葉を気にせず、前向きに子育てに向き合ってきて。

自分の夢や未来への希望を打ち消そうとしてくるドリームキラーには気をつけてください。

想像、妄想、ワクワクの力を邪魔されないようにしましょう。

引っ越し直前に起きたトラブルがもたらしたものは

At age 44

今までたくさんの引っ越しを経験してきましたが、中でも忘れられない記憶があります。父が他界し、2歳の娘と母との3人暮らしだったときのこと。母は「田園調布に住みたいわ」と語りだしました。また好き勝手に言っている……そう思いつつも調べてみたら吉方位だったので、もう一度母の希望を叶えてあげたくなりました。

さっそく物件探し。家にいるのが好きな母と、小さな子供がいるので戸建てを探していたら、すぐに候補が見つかりました。

すこし狭くて男性目線な家づくり、収納もすくなめ、だけれど新築の綺麗な一軒家。大家さんは家を建てた途端に転勤が決まり、貸すことにしたそうです。まあいいかなと思い、ここに決定しました。

ところが準備も整った引っ越しの2日前、突然大家さんからキャンセルされたのです。理由は、2歳の子供が新築の家に落書きをしては困るから。ならどうして契約したのと思ったら、なんと12歳と勘違いしていたそうです。

それはないわよ、と一瞬思ったのですがプラス思考の不動産屋さんが「最初からケチがつくのは、やめておきましょう」と、ほかの物件を必死で探してくれました。すると、素敵な家がたった1日で見つかったのでした！

それは、断られた家の2軒先。木の香りがするスウェーデンハウスで、キッチンにはオーブン、冷蔵庫、洗濯機がビルトイン。お庭もテラスもある私好みの家でした。おまけに、田園調布駅から徒歩3分。これぞまさに理想の家だったのです！

あまりの住み心地の良さに、9年も暮らしてしまいました。

時々、転勤から帰られた元の物件の大家さんにお会いすることがありましたが、神経質を絵にかいたような方。キャンセルになって良かったと思いました。

「自分の理想どおりのものは、必ずやってくる」

娘とハワイに滞在、悪いことがつづく家の理由は？

At age 48

娘が小学校1年生のとき、夏休みを利用して二人でハワイに1ヶ月半滞在しました。ハワイ滞在を決めたのは、

・いつも忙しくて娘を旅行に連れて行ってあげられなかった
・一度ハワイで暮らすように旅をしてみたかった
・たまたま友人がハワイの旅の様子を私に語ってくれて刺激を受けた
・娘を文化の違うサマースクールに通わせたかった
・もちろん吉方位だった

といった理由から。そこで、今でこそ流行りのバケーションレンタルのお家を借りて、

ゆっくり過ごすことにしたのです。秘書兼ドライバー兼ベビーシッター兼通訳兼料理担当の女性を雇い、車も借りて準備万端。さあハワイ生活のスタートです。

ところが、最初に借りたオアフ島郊外のお部屋は、暮らし心地があまり良くない。退役軍人の方が運営している場所で、理想のイメージとは違ったのです。がまんできず宿泊費をすべて払い、現地の不動産屋さんに飛び込みました。ちなみにこの滞在のために、長い間貯めてきた定期預金をすべて下ろした私。こんな経験せっかくだからと全部使いはたし、貯金はゼロになりました。

さて、現地の不動産屋で紹介されたのは、マスターベッドルームがふたつもあるプール付きの豪邸2軒。人気のハワイカイ地区にあり、こんな場所に暮らしたい！　と思える素晴らしいお家でした。あとで聞いたら、この家のオーナーが香港から風水師を呼んで建てた家だというではありませんか。センスも一流、冷蔵庫にはビールやお水、お米が山のようにあり「ご自由に」というサービスも！

この家にいる間に、素晴らしい出会いに恵まれました。

不動産屋さんの方に名刺を渡してご挨拶をすると、大きな眼が落ちそうなほどビックリされ、

「実は今朝お客様から、相談したいことがあるので方位学、風水の先生を探してほしいという電話があったばかりで、どうやって探そうかと途方にくれていたんです」

と言うのです。すぐに電話を繋いで、そのお客様とお会いすることになりました。

その方のお家に行ってみると、今まで見たことがないほどの豪邸です。あまりの素晴らしさに呆然としていると、家主の方がこう言いました。

「この家を買ってから、いいことがありません。それどころか人には騙される、お金はなくなる、悪いことがつづくのです」

そういう話を聞くと、すぐに頭の回路が動き出します。風水、家相でみてみました。

真北の玄関から一直線にのびた、真南の出口。鬼門にはプール。気が蓄えられず、お金も運もどんどん流れ出ていく家相です。しかも鬼門はエネルギーが陰から陽に変化するところ。そこに、火や水があると陽に変わることができません。

つまりこの家に住むと、住人の気が充実しなくなってしまうのです。素晴らしいお家ですが、どこかうつろな感じを与えます。元の持ち主だった方は、会社が倒産してすべてを手放すことになってしまったそうです。家の記憶は残り、繰り返されます。

今の持ち主の方が悩んでいらしたので、私は引越しをおすすめしました。ハワイに来て、家相の大切さをますます感じた貴重な経験です。

さらにこのご縁がきっかけで、その後もしばらくハワイに仕事で行くように。この方は少々無理して住まいを変えたおかげで、その後思いがけない仕事の発展に繋がったようでした。

LESSON

「自分が気持ち良くいられる空間を、躊躇せず選択しよう」

COLUMN

ブログはその人のDNA、細胞、運の集大成です

私がブログを書き始めたのは2001年7月、娘とハワイに滞在したときからです。現地にパソコンを持っていき、そこからスタートしました。

このとき、ブログを読んでくださった会社から出版の提案があり、私のはじめての本『谷口令のGate to Heaven―しあわせへの扉』が生まれたのです。

そこから20年以上書きつづけているブログには、私のすべての思いや、夢が詰まっています。おかげで商品開発のお話がきたり、セミナーの企画が生まれたり、お客様が来てくださったり、今でもたくさんのビジネスに繋がっています。はじめてお会いする方のほとんどが「ブログ読んでます」と言ってくださるのも、とてもうれしい。

今はInstagram、Facebook、LINEなどさまざまなSNSがありますが、私はその人自身を知る一番のツールはブログだと思っています。とくに、こんなブログが好きです。

・勇気をくれる
・たくさんの知識や新しい情報をくれる

・自分が知らない世界を見せてくれる
・生活にヒントをくれる
・その人自身の経験を通して人に希望を与える
・写真のセンスがいい
最近は、よく会社や個人のブランディングを頼まれ、ブログの書き方や写真の撮り方などもアドバイスしています。先日も集客が難しいというご相談があり、その方のブログをのぞいてみました。ですが
・その人自身の顔が見えてこない
・いきなりつらくなる言葉や、難しい言葉が並んでいる
・写真もないのに最後は必ず「お友達追加お待ちしております!」とLINE@に誘導
これでは残念ながら、集客は難しいでしょう。お見合い写真がない人には会いに行きませんよね。私がセミナーを申し込むのは、内容よりもその方自身に会いたいと思ったとき。

ブログを読んで、心の底のなにかがググーと動いたとき、はじめてその人に会いたいと思うものです。ブログに書かれている言葉や表現は、その人のDNA、細胞、運の集大成だと思います。できるだけ運のいい人、成功している人のブログに触れてみてください。

母が倒れ、介護・子育て・仕事に追われる

At age 49

娘が小さいころ、仕事で忙しい私にかわり娘の面倒はすべて母がみてくれていました。囲碁や陶芸などのお稽古にも連れて行ってもらい、家のことも任せっきり。そのぶん私が働かなければ、家族を養っていけない。毎晩遅くまで、身を粉にして働いていました。

母が脳梗塞で倒れたときは、もう本当に驚きました。左半身が麻痺して歩けなくなった母。はじめての本格的な介護生活。母の介護生活でもっとも大切にしたことは、すこしでも母が楽しく生活できるよう工夫すること。なぜなら一番つらいのは母のはずだから。デイサービスに行くときも、いかに母がワクワクして過ごせるかを考え、マニキュアを塗り、母が好きなボーダーのTシャツと白いパンツを着せて見送りました。すると、おじ様方から「姫」と呼ばれ、チヤホヤされたらしいのです。それで喜んで帰ってきました。良かった！　目標達成です。

ですが仕事と同じように、介護も子育ても突き詰めて完璧にやろうと頑張りすぎてしまっ

た私。体調に異変を感じました。

病院でみてもらい「ストレスですよ。あなた、頑張りすぎやで」とお医者様から大阪弁で言われたとき、体中の力が抜けたような気がしました。

そして思ったのです。完璧はやめようと。しばらくして、とてもいい施設が偶然見つかりました。郊外にできたばかりの老人ホームで、お部屋は広いし風通しもいい。スタッフも若い方ばかり。優しい人たちに囲まれて、母も幸せそうでした。

母は、倒れてから3年後に亡くなりました。私が学生時代にいじめられたときも、大人になって離婚したときも、仕事でいろいろなことが起きたときも「大丈夫よ」「あなたならできるわよ」と、いつも励ましてくれた母。

今でも「大丈夫よ」とメッセージを送ってくれているような気がします。

LESSON

「ときには頑張らないことが、幸せの鍵となる」

お手伝いさんを雇うということ

At age 49

「お手伝いさん」は、お金持ちだけの特権だと思っていました。ですが、自宅で母の介護が始まったとき、一人ではどうにもならなくてお手伝いさんを雇うことを決心。新聞に募集広告を掲載しました。

「お手伝いさん募集　一日3時間　田園調布社長宅」

時給800円での募集です。社長宅なのにどうしてこんなに安いの？　と思われたかもしれませんが、それでも13人の方から応募がありました。私はその中から一番優しそうな方を選び、母の介護を手伝ってもらうことに。そのときから来てくれているのが、今もお世話になっているドラちゃんです。いつもニコニコしていて、顔も性格もドラえもんにそっくりなのでそう呼んでいます。

あれからもう19年。ドラちゃんの髪は白くなり年齢も70歳を超えました。何度引っ越しをしてもついてきてくれて、私の家の歴史をほとんど知っています。娘もドラちゃんのことが大好きです。今は娘も独立し、コロナの影響もあったので週に一回だけの依頼ですが、それでも楽しそうに来てくれます。彼女が来てくれた日は、パジャマにまで綺麗にアイロンがかかっている。すっきり片付いた部屋に帰ってくると、とても気分がいいものです。

ある日娘が「リモートワークの仕事が忙しくて、お家がぐちゃぐちゃ」と言うのでドラちゃんに来てもらえば？　と提案。「部屋が片付いていると能率が良くなるし、自分で人件費を払うようになると、いろいろと見えてくるのよ」と。私は決して、なんでも自分でやりなさいとは言いません。だってそんなの無理だもの。それに人を雇うという経験は、若いうちからやっていいと思います。

香港では、一般家庭でもメイドさんを雇っています。家のことは任せて、自分は仕事に集中したほうがいいという考え方です。日本人はつい遠慮してしまうけれど、雇用も生まれるし能率も上がるのでお互いに幸せになれる。私はこの考えに大賛成です。

LESSON

「自分は得意なことに集中し、ほかは人に任せる」

第4章

夢を叶える
風水心理学を伝えたい

育児、介護、仕事、記憶がないほど忙しかった時期

At age 50

娘が小学生になり母の介護も始まったころ、それでも仕事は一切手を抜きたくなかった私は、毎日夜遅くまで働いていました。あまりに忙しすぎて、このころの記憶はほとんどありません。

50代になり、次のステップへ進もうと、風水心理カウンセラー養成スクールを立ち上げる準備を始めたのもこの時期です。これまで自分がやってきた風水や九星気学、心理学、易学などの知識を体系化させ、未来のカウンセラーを育てていこうと思いました。

講師になるからには、自分の持っているものすべてを伝えなければいけません。もっとたくさんの知識をインプットし、自分の器を大きくする必要がありました。とくに私は早口ですから、話題をたくさん持っていないとすぐにネタが尽きてしまう。ここでインプットを強化しないと次に進めないと思い、ものすごく頑張りました。

とにかくたくさんの本を読んだのもこの時期です。たとえば老子や孔子など、風水に直接関係のない本からも知識を吸収していきました。

気になったセミナーにはどんどん参加し、いろいろなタイプのセミナー講師の授業スタイルを見ては真似したいところを探しました。講師の中には、真面目にたんたんと進める人もいれば、こんなに面白い人もいるんだ！　と驚くような人もいます。たった一言のユニークな発言が潤滑油となって、一気に疲れがなくなるのですから不思議です。

あるとき、アメリカ人講師のセミナーと日本人講師のセミナーにほぼ同時に通い、面白いことに気づきました。

二つのセミナーは、「人生をプラスに変える方法」について学ぶという、同じようなテーマのものでした。

日本人のセミナーは、スタート時間になると2分間音楽が流れ、その間に着席していなければドアが閉まり教室に入れなくなります。遅刻は厳禁なのです！

セミナーの内容も、「しなければならない」という断定的な話が多く、厳しい印象。最終コースのときに今後の目標を設定するのですが、辛口のアドバイスが飛び交い落ち込んで帰る人が多いセミナーでした。

一方、アメリカ人講師のセミナーでは最初にこのようなアナウンスがあります。

「時間に遅れるのは君たちの責任だから、自由です。いつ来ても、いつトイレに行っても、用事があったら早く帰ってもＯＫね！」

え、本当ですか？　これまで受けてきたセミナーとの違いに驚きました。


そしてこの二つのセミナーを比較して、面白いことが見えてきたのです。

日本人講師のセミナーはいつも緊張感があり、次第に来なくなる人が増えていきましたが、アメリカ人のセミナーは、来なくなる人なんていないどころか、遅刻してくる人も一人もいなかったのです。

なにしろ講師の先生がとっても魅力的。参加者は、その一言一句を聞き逃したくないと感じていたのでしょう。ときどき先生の綺麗な奥様や、生まれたばかりの赤ちゃんを連れてきたことも。とにかくあたたかいエネルギーがあふれていて、横の繋がりを感じるセミナーでした。

この先生の授業は通訳を介したものでしたが、今でも素敵な言葉の数々を思い出せますし、遠いセミナー会場まで通っていた移動時間のワクワク感さえもすぐによみがえってきます。日本人講師のセミナーは、残念ながらほとんど覚えていません。

二つのセミナーを経験したことで、自由な空間でリラックスしてこそ本来の自分が出せることや、たくさん吸収できることを体中で学びました。

この時期のインプットにはものすごくお金をかけましたが、しっかり自己投資したおかげで、今も仕事ができているのだと思います。

LESSON

「ステップアップのためのインプットには惜しみなく投資する」

At age 51

「風水カウンセリングカレッジ」開校

私が風水心理カウンセラーの仕事を始めたころには、目標となるような憧れの同業者がいませんでした。こんな学校があったらいいのに、こんなこと学べたらいいのに、そう思うこともたくさんありましたが、理想のスクールも先生も見つけられなかった。

そうだ！　だったら私が学校をつくろう！

前例となる人がいなかったぶん、自分の失敗談も含めて伝えることがあるはず、オリジナルのカリキュラムがつくれるのだからと思いました。

ところが、スクール開校に向けた準備は思ったより長引き、2年半ほどかかりました。

そのころ手伝ってくれていた外資系企業で秘書経験のあるSさんは、とてもクールで頭がいい人。まずはマニュアル通り、ほかの学校の資料集めからスタートです。

Sさんの口癖は、「世間では」「世間の相場は」「普通の常識では」「学校たるものはまず」

というもの。講師陣はどうするか、個人情報はどうするか、リスクマネジメントは……。そういう話を聞いてレポートやマニュアルを読んでいくうちに、私は頭を抱えるようになり、人に教えることがとてつもなく無理難題に思えてきたのです。膨らんでいた想いが、音を立ててしぼんでいきました。

そんな私に反してSさんは、どんどんエスカレート。学校ビジネスのセミナーに出させてください、リスクマネジメントのセミナーに行きます、とますますやる気です。

「ん？　ちょっと待って、それってちょっと違うんじゃないかしら？　一番大切な想いはどこ？　なんのための学校？　最初は小さな手づくりだっていいと思うの。利益優先になってないかしら？」と私。

「そんなの当たり前、常識です」とSさん。

ところがとうとう私の中で「スタートは今、今しかない！」と直感が走りました。年齢や運気のバイオリズムで見ても、ちょうどいいタイミングだったのです。

それに今まで自分が乗り越えてきたこと、知恵もすべて結集して教えることができるのは私しかいないと思っていました。夢を叶えていける人、運のいい人を育てていく、どこにもない風水心理学の小さな学校は、ちょうど、今の私にしかできないと強く感じたのです。そのころSさんは腰痛がひどくなり、サヨナラすることに。

私は「世間」「普通」「常識」にとらわれることをやめました。唯一の開運学と言われる風水心理学のスクールですから、自分自身がワクワクして幸せな状態で始めようと決心したのです。

こうして私が51歳のときに開校したのが、「風水カウンセリングカレッジ」です。生徒は1クラス15名限定。受講料は決して安くはありませんでしたが、そのぶん私は誠心誠意、持てる知識をすべて生徒の皆さんにお伝えしました。

もちろん教室も、会議室のような殺風景なところではなく、素敵なインテリアや花に囲まれた場所をチョイス。教材ファイルひとつとっても、楽しく学んでいただけるようなカラーや素材のものを探して取り入れました。これらもすべて風水の知識です。

さらに、夢を叶えるコツもたくさん詰め込みました。たとえば最初の授業では必ず

・今までに叶った夢は？

・これから叶えたい夢は？

この二つを発表してもらいます。とくに、今まで叶った夢を思い出すことはとても大切。過去の自分の足跡がわかり、人生を整理することで自分に自信がわいてくるからです。そしてなにより

「こんなに夢を叶えてきたのだから、これからの夢だって叶えられる」

と思えるようになり、夢が叶うのは特別なことではなく、自然なこと、当然なことだと思えてきます。

また、授業の冒頭で「まずはプラス」の質問をすることも心がけました。

・みんなに知らせたい、最近うれしかったことは？
・今日あった、いいことは？
・最近笑ったことは？
・心があたたかくなったことは？

慣れないうちは、たいしたことではない、個人的なことなので、と遠慮される方が多いですが、慣れてくると「まずはプラス」話を見つけるために、暮らしに注意を払うようになります。すると意識が目覚めて、自分のまわりのほんの小さなことが実は幸せなこと、

素敵なことだと気づけるようになるのです。

このような夢を叶えるコツを、授業の中にたくさん織り交ぜました。

スクールは9期生までつづき、開校するまで時間がかかったのが嘘のように、約200名以上の個性輝く風水心理カウンセラーがつぎつぎと育っていきました。

もし、なにかをスタートしようと思ったら、完璧に準備ができるまで待っていてはいつまでたってもスタートできません。人はもっともっと、と自分に完璧を課していく生き物だからです。

タイミングに迷ったときは、自分の心の声と運気のバイオリズムを参考にして、思い切ってスタートしてみてください。最初は小さな寺子屋でOK！

LESSON

「世間の常識にとらわれず、自分の心の声を聞こう」

ニュージーランドで九死に一生

At age 51

スクールが始まった年の末、ニュージーランドへ娘と二人でパワーチャージに行きました。そしてそこで、とても衝撃的な経験をしたのです。

その日、友人夫婦の別荘へ向かう予定でした。

ご夫婦それぞれ、別の車に乗って迎えに来てくださった友人一家。奥様の車のほうに、二人のお子様が乗っていました。当然、私と娘はご主人の車に乗ることになります。

すると、どこからか

「乗ってはいけない」

そんな声が聞こえた気が。耳元で男性にささやかれたような感覚でした。そこで私と娘は急遽、奥様の車に乗ることにしたのです。車内は当然、すし詰め状態。

雨の中、1時間ほど高速道路を走ったころでしょうか。信号が赤になり、前を走るご主人の車と離れてしまいました。するといきなり、対向車がスリップ。前を走る5台の車がつぎつぎと巻き込まれていったのです。私と、当時小学校高学年だった娘は、その光景を目撃してしまいました。

残念なことに、前を走っていたご主人の車は大破して、亡くなられてしまいました。奥様の車に乗っていた、子供たちを含めた5人は全員助かったのです。

このとき私が感じたのは「助かった」ということよりも、「自分にはまだまだやらなくてはならないことが残っている」という確信です。

30代で事故にあい顔に大けがを負ったときも、「まだ早いから戻りなさい」という声が聞こえて意識を取り戻しました。そして今回も同じように誰かの声のおかげで、九死に一生を得たのです。

この世で使命をやり遂げるまでは神様はいつもそばにいて、見ていてくれているのだと、あらためて確信した瞬間でした。

実は、私は会った瞬間から、ご主人の様子にすこし異変を感じていました。どこか生命力がなく、魂が半分抜けているような雰囲気。事故の直前にも一度トラックとぶつかりそうになり、これは……と思っていたのです。このような「なんとなく」はやはり見逃さないほうがいいと再認識しました。

そして、もう一つ。事故のあと奥様からこんな話を聞きました。

実は奥様は、ずっと日本に帰りたいと思っていたそうです。でもご主人はニュージーランドに残ると言い張り話は平行線。事故の日の朝、別れ話にまで発展していました。そんな話をしていた矢先の事故。奥様はこれを機に、子供とともに日本へ帰国しました。

どんな形であれ、思っていることや言葉にしたことは叶ってしまう。

あらためて、気をつけなければいけないと感じた出来事でした。

LESSON

「心の声、発する言葉が、現実をつくっている」

COLUMN

気になることに目を向けよう

「なんとなく気になる」というのは、実はとても大切なサインです。

逆さまに並んでいる本、先月のままのカレンダー、ヒビが入ったスマートフォン、ボタンがとれているシャツ、なんとなく連絡をとりたくなった相手、そろそろお財布を変えようかしら、とか。

人間は、不完全なものや本来あるべき姿になっていないものがあると、無意識のうちに気になるようにできています。

だから忘れたつもりでも、たとえ忘れようと思っていたとしても、必ずそれは無意識に残りつづけているのです。

そうやって蓄積されたたくさんのモヤモヤが無意識を占領していると、どうなるでしょうか。

運の流れが妨げられ、運がはね返されてしまいます。

たとえばパソコンの中に不要な情報がずっと残っていると、動きが遅くなりますよね。

すると

「自分のまわりのことは進むのが遅い」

と、無意識にインプットされてしまう。使うアイテムはサクサク動くことが大切です。

なにかやるたびに探し物をしている人、物が見つからない人は

「人生の目標がなかなか見つからない、決まらない」

そんな状態になってしまいます。普段の生活と、心の中は繫がっているのです。

だから、なんとなく気になることは後回しにせず、すぐに取り掛かりましょう。そして、いらないものは処分すること。ガラクタは人生を止めてしまいます。

モノや人への未練、執着という古いものは整理して、新しいモノが入ってくるスペースをつくりましょう。

捨てれば運は動き出します！

ピンチをチャンスに変えた娘の受験物語

At age 53

シングルマザーで育ててきた娘のスバル。そのことでいじめられたことはないと言っていましたが、小学校5年生のころから、学校で問題を抱えるようになりました。でも公立小学校では、簡単には転校というわけにもいきません。そこで、娘は当時住んでいた田園調布の中学校に進学するのをやめて、国立中学校を受験すると自分で決めたのです。合格率は20パーセント。かなり狭き門への挑戦でした。

そこで勉強机の位置を変えたり、娘とパワーチャージに出かけたり、風水を受験対策に取り入れるようにすると、机の向きを変えただけで「机に向かうとなんとなく安心する」「なぜか落ち着く」と、娘が勉強机に向かう時間が自然と増えていったのです。

受験の年の初詣では、絵馬に「○○中学校に受かりました、ありがとうございます」と書き、合格した感情を先取り。風水も心理学の知恵も織り交ぜました。

もちろん、娘自身もとても頑張りました！

試験前日、娘の夢にテスト内容が出てきたそうです。気になって事前にチェックしておくと、なんと夢に出てきた5問のうち3問が試験で出題されたそう。不思議でしょう。結果は見事合格！　通っていた小学校から受かったのは、娘たった一人でした。

入学した国立中学校は娘にとても合っていたようで、いい先生方にも恵まれ、充実した中・高校生活を送ることができました。

でも、もし小学校で問題が起きなければ、娘はそのまま受験もせずに進学していたでしょう。そう考えると、あのときの問題が娘をより良い道へ導いてくれたのだと思います。

ピンチになったら、それは次の扉を開けるチャンスなのだと娘が教えてくれました。

LESSON

「すべての出来事はベストな道に繋がっている」

At age 53

3冊連続出版、私が本当に伝えたい風水生活とは

53歳のとき、大吉方位の自由が丘にオフィスを移転しました。すると私にとってターニングポイントとなる、本の出版が決まったのです。しかもたった1年のうちに3冊連続で実現。本のおかげで生徒さんも増えていきました。

きっかけは、編集者さんからの問い合わせ。おそらくブログを見てくださったのでしょう。立てつづけにご連絡をいただき「来るときは一気に来るものなのね」と驚きました。

今思い返せば、このころは世間の風水に対する興味関心が高まっていたのかもしれません。雑誌でもテレビでも、風水特集がよく組まれていました。でも注目されていた反面、勘違いされることも多く、部屋は赤くする、カーテンは黄色がいい、天井から原色の物を吊るす、壁に御札を貼るなどの情報が出回り、「風水」＝「悪趣味」と思われることが多かったのです。

あるときインテリアショップのオーナーから

「最近はカーテンやカーペットを風水で選ぶ人が多くなりましたが、すべて風水の言うと

おりにしていたら大変なことになりますよね」

と言われたことがありました。どうしてこうなってしまったのでしょう。私が提案する風水を取り入れた住宅やオフィスは、風がとおり、光が降りそそぎ、機能性が高く、シンプルで、生きているグリーンがあるセンスのいい空間なのに。

あれをしなさい、これはダメという決めつけではなく、デザインを重視するあまり導線が複雑な家でもない。住んでいる人のライフスタイルや好きなもの、色を大切にしつつ、風水を隠し味として取り入れるのがコツです。


さらに、運を良くするコツとして私が〝絶対！〟と信じていることは「目に入るモノが運をつくる」ということ。今の銀座のオフィス「ギンザプラス」にも、目に入るモノへのこだわりがあります。たとえば
・世界地図のオブジェ
いろいろな国に観光ではなく仕事で行くことが目標。いつも眺めて行きたい国を想像しています。
・暮らしたい国の時間

日本時間の時計のほかに、香港とミラノ時間の時計を飾っています。

・お気に入りのスーツケース

銀座に引っ越してきたとき、自分へプレゼントしたスーツケース。仕事で世界を行き来する暮らしができるようにという願いをこめて飾っています。

すると、なんとこの4年間で本当に願いが叶ってしまいました！　ウィーン、ミラノ、パリ、バルセロナ、ドーハ、香港、台湾、そして地中海クルーズ。たくさんの楽しい旅が実現したのです。やはり、普段何気なく見ているモノがもたらす効果は絶大です。

これが、いくら風水だからと言って居心地が悪い空間になってしまっては意味がありません。そこにいるだけで気持ちが落ち着く、いい気分になる、ワクワクする。そういった空間づくりが、幸せをもたらす風水なのです。

LESSON

「風水はあくまで隠し味、大切なのは心身が落ち着く空間づくり」

「一般社団法人風水心理カウンセリング協会」で私が伝えたいこと

At age 57

風水カウンセリングカレッジには、全国からたくさんの生徒さんが通ってくれて、皆口をそろえて
「人生を前向きにとらえられるようになりました」

「私はこれからも絶対大丈夫だと思えるようになりました」

と言ってくれるようになりました。

自分の中にある〝宝物〟を思い出し、もうこれで大丈夫だと思った瞬間が私にもあります。そんな体験を生徒の皆さんが同じように手に入れて、カウンセラーとして、またご自身の仕事に取り入れながら活躍していくようになりました。

そこで、より生徒たちがこのスキルをお仕事として成り立たせやすい仕組みがつくれないかと思うようになり、認定資格を取得できる「一般社団法人風水心理カウンセリング協

会」を立ち上げたのです。この協会は、風水心理学を専門的に学び、日本で唯一「風水心理カウンセラー」の資格を取得することができる学校です。ここからたくさんの認定講師が育ち、現在は海外にも認定校が誕生しました。

私がこの協会で教えていることは、占いではありません。

自分を知り、運命学を参考にし、美しいモノの形を見ることが自分の運や命をはぐくみ、心身ともに健康になり、やがては生き方が変わり、そして人生が動き出す。

こうして夢は叶っていくのだという方法をお伝えしています。いうなれば「夢叶え学校」です。夢を叶える力は自分自身の中にあるとお伝えしたいですし、それをクライアントに伝えることができるカウンセラーを育てたいと思っています。

私は、運命学に関わるものの仕事とは、相手がみずから気づき、心の目を開けることができるようにお手伝いをすることだと思っています。イケていない占い師や、預言者のようになってはいけません。

たとえば「この子は○○学校に受かりますか?」という受験のご相談をうけたとき、「受かります」もしくは「受かりません」と言っておしまいではなく、その子の能力を100

パーセント引き出してあげる方法や、本番で思う存分能力を発揮できるようにお手伝いをすることが大切なのではないでしょうか。一番大切なことは相手がどのように生きていきたいのか、じっくり話しながら意識をどう変えてあげられるかなのです。

「私はダメなんだ」そう思っている方に、ぜんぜんダメなんかじゃない、そう思い込んでるだけなのだと伝えたい。

「これは失敗だったんだ」と嘆いている方に、失敗じゃなくて貴重な経験ですよ、そこから得るモノの大きさを一緒に考えましょうと伝えたいです。

方位がどう、インテリアがどう、そのようなアドバイスだけで良いのでしたら、誰にでもできますし、そのほうが楽なのです。でも、それだけでは人は満たされません。心の部分を、決して忘れてはいけない。だから「風水」+「心理学」カウンセリングなのです。

LESSON

「カウンセラーとは、相手の人生を輝かせるお手伝いをする仕事」

気をつけていてもなにかが起きる、厄年の学び

At age 58

どんなに運を良くするコツや、運気のバイオリズムを知っていても、困難なことはやってきます。どれだけ気をつけていたとしても、来るときは来る。

私にも、「もうこれは無理かもしれない」と思った経験があります。


そのすこし前に、こんなご相談がありました。

仕事にばかり熱心だったという、私と同じようにプロを育てる協会の代表の方からです。

何年も経理や生徒さんのお世話をしてくれていた、よく働いてくれるスタッフのことをとても信頼していたそうです。

でもある日ふたを開けてみたら、協会のお金、ノウハウ、生徒さんたちまでもみんな持って行ってしまい、自分と同じような協会をつくっていて驚いたというお話。

それだけではなく、

「先生は白金に億ションを買った」

など、根も葉もないうわさを生徒さんたちに流したというもの。

そんなこともあるのね……と思っていた矢先、なんと私のところも似たようなことが起こっていたのでした。

さすがの私も落ち込みました。

娘は当時の私の様子を、今でも覚えていると言います。朝、学校に向かったときと帰宅したときの私が、同じ格好で同じ位置に座ったままだったそうです。自分では覚えていません。どうやってこれから立て直そうか、生徒もノウハウもすべて持っていかれてしまった……。

そんな絶望の中で、娘がこう言いました。

「ここでしょげてどうするの！」

そして私を励まそうと思ったのか
「私、〇〇大学を目指すから！　だからママも頑張ろう！」
と、まさかの超難関の〇〇大学合格宣言。そんな娘の優しさと励ましもあり、いつまでもしょげていないで、前を向こうと決めました。

合格は叶わずでしたが……。私に最高の元気をくれました。

LESSON

「人生山あり谷あり、そこからどう這い上がるのかが大事」

絶望からどうやって立ち直ったのか

At age
58

前を向こうと決めた私は、まず顧問弁護士に相談しました。弁護士の先生からは「訴えるのは時間の無駄です、谷口さんならすぐ取り戻せますよ」と前向きなアドバイス。その言葉に勇気づけられ、私は次のスタートを切りました。

実はこの件があった年は、私にとっての「厄年」にあたる年でした。今振り返ってみても、一番つらい時期だったと思います。ゼロからのスタートではなく、なにもかも失ったという精神的にもマイナスからのスタートでしたから。風水や九星気学を学んでいたその人の行動は、私の運が弱るタイミングをわかったうえだったのかもしれません。だとしたら、敵ながらあっぱれです。

ですが、つらいことばかりがつづいたわけではありません。私は「厄こそ最高のチャンス」なんだと皆様にお伝えしています。立ち止まってみなければ、自分自身を振り返ることはできないのですから。

スタッフがいなくなり、さてどうしようかと思っていたとき、以前仕事の依頼をお受けしたことのあるNさんから連絡が入りました。当時地方で働いていたNさんは、東京で仕事を探そうと考えていたのです。これはタイミングだと思った私は「うちに来ませんか」と。正直、どうも仕事ができるタイプには見えませんでしたが、なんということでしょう。パソコンには強いし、デザインも得意。これまで外注していたことをすべてこなしてしまう、とっても多才な方だったのです。

ここ数年の会社の発展は、Nさんがいなければ取り掛かれていなかったことばかり。ある意味、あの事件がなければここまで変わっていなかったと思います。やはり「厄こそチャンス」だと実感しました。

トラブルが起きてもう立ち直れないと思ったときこそ、立ち止まる機会を与えてもらったと感謝です。さあ、次の扉を開く準備をしていきましょう。

LESSON

「厄年はチャンスの年、必ず次の扉が開く」

COLUMN

厄年とは悪い年なのか？

九星気学の考えでは、9年に一度「厄年」が巡ってきます。その年は、自分の陰陽のバランスが崩れ、良くないと思うことが起きると言われていますが、18歳まではあまり影響を受けません。私の19歳以降の厄年を振り返ってみると……。

就職して仕事がうまくいかず人生に悩んでいた22歳
離婚して息子の親権をとられた31歳
母が倒れて介護が始まった49歳
スタッフのトラブルが起きた58歳

これらは、すべて私にとって「厄」にあたる年でした。ちなみに40歳のときは娘の妊娠～出産とかぶっていたので、そこで厄落としができたようです。

そしてこの厄年には、ある法則があります。必ず2～3年後には運気がアップするということです。私もあのとき、スタッフにたくさんのものを持っていかれたおかげで、3年後には新しいステージに立つことができました。

それに、どんなに心配しても、考えてもどうにもならないことばかりだったので、いったん考えるのをストップできたのも良かった。おかげで、ただ目の前の仕事に没頭できるようになりました。

もちろん九星気学や心理学の知識も活用しました。ポジティブな友人をランチやアフタヌーンティーに誘って、自分の夢や希望についてたくさん話しました。

ある意味、ポジティブなイメージを膨らませることに集中できたおかげで、自分の運気の波を整えることができ、次に繋がったのかもしれません。

そして2～3年後には、ほんとうに新しい人、コト、モノ、アイディアが流れ込んできました！　厄の法則、暦の流れは本当だったのです。

ですから、もうダメだ……と思ったときは、すぐに答えを出さなくてもいいと思います。2～3年後の自分はきっと、諦めなくて良かったと笑っているはずですから。

息子から届いた人生最高の贈り物

At age
60

娘が大学受験を控えていた年の1月、人生最高の贈り物が届きました。

元夫に引き取られて6歳のころから会えていない息子から、オフィス宛に荷物が届いたのです。中身は私への誕生日プレゼントと手紙、そして娘のスバルには受験の御守り。ブログを読んで、娘の受験のことを知ったのでしょう。

荷物には住所もなにも書かれていなかったので、お礼の伝えようがありませんでしたが、あのときほどうれしかったことはありません。プレゼントと手紙は、今でも大切にしまってあります。

人は育つとき環境の影響も受けていますが、四緑木星の息子は穏やかで、ともすると環境に流されやすいタイプ。厳しくてネガティブ思考だった元夫に育てられたことがすこし心配ですが、それでもブログでしか知らない妹に御守りを送ってくれる優しい子に育ったようです。

ただ本音では、やはり私が育てたかった。昔は、離婚はできるかぎりしてはいけない、子供は収入がある父親のもとへ。専業主婦の私にはどうしても無理でした。

でもだからこそ、「いつか息子に会ったときに恥ずかしくない自分でありたい！」という想いだけが、私をここまで動かしてきたように思います。

今の私の小さな夢は、息子と娘と3人で、築地でお寿司でもいただきながら、一緒にお酒を飲んでゆっくり話をすること。きっと息子も、私に似てお酒は飲めるはずだから。

いつでも会いに来てね。一緒に美味しいお酒を飲みましょう。

LESSON

「強い想いが人を動かす」

はじめての家づくり、シンクロがつづいたハッピーハウス

At age 62

物事がうまく進んでいくとき、まるで「待っていました」と言わんばかりに〝シンクロ〟が起こり出します。シンクロとは、意味のある偶然の一致のこと。たとえば、必要としている人と運よく出会えたり、欲しいと思っているものを偶然いただいたり。

こういった現象が起きたら、これで大丈夫！　このまま進んで！　必ずうまくいくから！

という天からのメッセージです。

大人になってから20回以上の引っ越しを経験し、マンションも2度購入した経験がある私。これだけ多くの場所を見てきたのは、風水の実験をしたかったというのもあります。そして1000件以上の家相の相談を受けた経験もとおして、そろそろ

自分はどこで暮らしたいのか？

どんな暮らしがしたいのか？
どんな人生でありたいのか？
どんな人と一緒にいたいのか？

そういったことが徐々に明確になっていき、土地から家を建てたいと思うようになりました。61歳のときのことです。

ですが肝心のお金はありません。それでもただ、〝好き！〟が詰まった家をつくって暮らしたいという純粋な気持ちは止められませんでした。

すると、つぎつぎとシンクロが起き始めました。

ある日、仕事に向かう道を歩いていると、電柱の貼り紙に目が留まりました。土地の広告です！　この時点でシンクロの気配。実際にその土地を見てみると、

・道路より引っ込んでいて、広いアプローチがある（そこに余裕がある）
・外からは中を想像できない形の家が建つ（どんな家なんだろう、どんな人が暮らしているんだろうという楽しい想像ができる）

・玄関の前に大きなシンボルツリーを植えらえる（家と住人の成長のため）
・長方形の欠けのない家が建つ（風水の一番のポイント）

まさに、理想的な土地だったのです。よしよし、うまく流れていると感じました。するとと今度は、友人からのご紹介で銀行の融資がおり、ギリギリの予算の中で家を建てられることに！　これは本当に不思議な幸運でした。ちなみに私はいくつになっても、借りられるのならお金を借りて家を建ててもいいと思っています。そして住んでみて違うと思ったら、また住みかえればいい。ライフスタイルは変わっていくものなので「家は一生もの」ではないと思うのです。

無事に融資もおりて、スムーズな流れで始まった家づくり。

はたしてその後、どんな奇跡をもたらしてくれたのでしょうか。

LESSON

「シンクロがつづいたら、神様からのGOサイン！」

トラブルのおかげで夢がどんどん叶っていった

At age 62

　このお家の主役は、2階に上がった途端目に入るキッチンでした。昔から、いつか一から家を建てるなら、kitchenhouseのキッチンを入れると決めていました。駒沢に住んでいたころ、近所にkitchenhouseのショウルームがあり、毎日のようにそこに通っては、いつか絶対にここのキッチンを！　と決めていたのです。ですが、もともとギリギリの予算で建てた家。いくら捻出してもkitchenhouseには手がとどきません。泣く泣くデザインとコスパのいいほかのキッチンを選びました。でも、完成したキッチンを毎日眺めていても、なにかが違うのです。白くて綺麗なキッチンなのですが、どうしてだか心が躍らない、ワクワクしない。

　そんなとき、キッチン工事の不具合が発覚しました。ゴミを置く場所をキッチンの外に設けるはずだったのですが、どうしても無理ということに。何度も打合せをして、確認もして、素材も決めて、さあこれでOKと思っていたのですが「無理です」と。完全にミスです。ほかにもいくつかのミスがキッチンで見つかり、一瞬「私の不動産の神様はどこへ行ったの？」と思いました。どうしたものかと思い、私のお客様で建築関係のお仕事をされている方に相談してみることに。すると間に入って、施工会社にすべての話をつけて、結果キッチンを丸ごと取りかえられることになったのです！　しかも「自分の家に入れているｋｉｔｃｈｅｎｈｏｕｓｅがいいですよ」と、あちらから夢のようなご提案。これにはさすがの私もビックリしました。こうして、夢だった豪華なｋｉｔｃｈｅｎｈｏｕｓｅのキッチンが追加費なしで手に入ってしまったのです。これは、私の想像なのですが、きっと家が「家主の希望を叶えてあげたい」と強く思って、魔法をかけたくれたのではないでしょうか。しかも、憧れていたドイツのＭｉｅｌｅのオーブン、レンジ、食洗器までついてきました。ただ眺めているだけでテンションがあがり、夢と希望がわいてくるモノたち。やはり一流と言われているものは、見えないエネルギーをくれる！　こうして、まるでショウルームのようなキッチンのお家が完成し、毎日が幸せで幸せでたまらなくなりました。

奇跡には、まだつづきがあります。実は、キッチンの取りかえ工事の裏で、もう一つの夢が叶いました。一度は宿泊したいと思っていたパレスホテル東京に、泊まることができたのです。工事中は自宅に住むことができなかったので、２週間ほど外泊しなければなりませんでした。宿泊費は施工会社が出してくださるとのこと。

これを機会に、ずっと泊まりたいと願っていたパレスホテル東京に滞在しようと思いました。でも宿泊費は高く、用意していただいた額ではぜんぜん足りません。

でも以前に、パレスホテル東京で出版記念パーティーを開催していただいたご縁があり、しかも連泊だからということで、特別にサービスしていただいたのです。こうして念願のパレスホテル東京に、11連泊もすることができました。パソコンなども持ち込み、オフィスと同じような仕事環境を整え、ホテルからオフィスへ出社しホテルへ帰ってくるという、まさに暮らしているような滞在です。このおかげで、パレスホテル東京とのご縁もさらに濃くなったような気がします。それもこれも、すべては施工ミスのおかげです。災い転じて福となすとは、まさにこのこと。本当はこれが欲しい、本当はあんな場所に住みたい、その願いは遠慮せず貫いていいのだと、家に教えてもらいました。

LESSON

「家は生き物。愛情をかければ住人の味方になってくれる」

家のシンクロはまだまだつづく

At age 63

一つの家を建てたことで、こんなにも夢が叶うとは思いませんでした。

私の風水の知識と、これまでの経験をすべて詰め込んだ家。いつかこの家のことを本にできたらいいなと思っていたのですが、なんと、すぐに叶ってしまったのです。主婦の友社から、写真を中心とした私の家の本を出しませんかという話が来て、あれよ、あれよと言う間に『谷口令の風水インテリア』を出版。その本が現在、リクシルの風水インテリア講座のテキストに採用され、全国で使われています。

次はこれらのシンクロを、本にしたいなと思い始めました。するとKADOKAWAからお話が来て、こちらもあっという間に『偶然の重なりは神様からのGO！　サインシンクロですべての幸せが叶う』を出版することができました。

こうしてたくさんの幸せを運んでくれた、私の家。

約2年間、幸せな暮らしをしている間には、娘が一人暮らし、シアトル留学、そして外資系のコンサルティング会社に就職して独り立ち。私はますます地方や海外に行くことが増え、拠点を銀座に移すことにしました。ただし、ただしです。もしこの家を手放すとしたら、絶対にこの家のことを大好きだという方にお譲りしたい。これが最後の願いでした。

たくさんの方が内覧に来られました。とくに海外の投資家の方々がつぎつぎに。でも、私としてはまるでお嫁に出すように気持ちだったので、センスのいい素敵なファミリーにお渡ししたかったのです。

すると、一時は別の方に決まりかけていたのですが、なんとか無事に素敵なファミリーに住んでいただけることが決まりました。新しい住人の方とは、一緒にお家で食事会も開催。これも夢だったのです。今でも仲良しで、Ｆａｃｅｂｏｏｋで素敵な生活をされている様子を拝見して、うれしく思っています。仕事も暮らしも順調のよう。家の出来事は繰り返しますから、やはり素敵なシンクロが起きているのでしょう。

こうしてみると、この家を建てたことで得たことは本当に多いのです。

細部にわたった風水、家相、インテリア、収納やコンセントの位置まで。一から建てたことで、たくさんのことを学びました。それに、大切な業者の選び方、トラブル業者の見抜き方も習得済み。kitchenhouseのショウルームに、お客様をお連れできるようになったのも施工ミスのおかげです。この家を建てたことで経験できたシンクロが、今の仕事にとても役立っています。

実はシンクロとは、成功に繋がる大きなヒントです。以前読んだ本の中で、シンクロに関する面白い一説を見つけました。スタンフォード大学のクラボルツ教授たちは、数百人の成功者の成功した原因や秘訣を徹底的に分析したそうです。すると、なんと約8割の成功者が、その理由を

「予期しない出来事、偶然が起きたから」

「偶然がつづいたから」

と答えました。寝る間も惜しんで努力したとか、能力や才能があったからという答えを予測していたそうですが、結果は意外なものだったのです。予期しない偶然とは、まさにシンクロのこと。とても面白い例だと思いました。

ほかにも、こんな話があります。ある経理の仕事をしていた人が、ネットショップで経理の専門書を注文しました。でも業者のミスで、届いたのはセールスのノウハウ本。そのとき、道は二つに分かれます。

①怒って本を取り替えてもらう

②予期しない偶然（シンクロ）だと思ってその本を熟読し、著者に質問までしてしまう。

この方は②を選び、その後、この本をヒントにセールスのプロになったそうです。

ここが、成功するかしないかの分かれ道。偶然を見逃さず、気づく感性が大切です。そのためには、やはり物事をポジティブにとらえていくことが一番なのではないでしょうか。

奇跡に繋がる偶然、シンクロは、実はそこらじゅうに転がっているのです。

LESSON 「どんな経験も、あなたの人生に必要なこと」

娘の運命を変えた留学

At age 63

なんだか運が停滞している、マンネリ化していると思ったときは、環境を変えることをおすすめします。娘のスバルがいい例です。娘は、どちらかというと安定志向で、新しいことに挑戦するのが苦手なタイプでした。小さいころの夢は、医者、弁護士、研究者など。難関大学を目指して一浪し、結局受からなかったものの、国立大学の理工学部に入学してからは、研究に没頭する将来像を描いていました。あの台湾に行くまでは。

娘が大学2年生のとき、どうしても学びたいことがあるからと、大学を休学してアメリカに留学したいと言い出しました。きっかけは、春休み1ヶ月間の台湾留学。大学の中国語研究会の仲間と一緒に、短期で語学留学に行ったのです。すると、そこで知り合った人たちが、いろいろな国で学び国際的な視野を持っている人ばかり。相当刺激を受けたようで、今まで難しいと思っていた留学が当たり前、特別なことじゃないと思えたらしいのです。環境、おそるべし。

台湾で刺激を受けて帰ってきた娘は、どうにかアメリカの大学へ編入できないかと考え、まずは1年間の留学を決めました。限られた期間でしたが、だからこそ集中できたのでしょう。娘はしっかりと英語をマスターして帰ってきました。さらに、さまざまな国籍やLGBTの友人もでき、ルームシェアもしたそうです。「本当に、皆いい人たちなんだよ」と明るく話す娘を見て、素晴らしい経験をしてきたんだなと感動しました。

娘はこの留学で、本当に成長しました。小さなことにも感謝するようになり、帰国後の夏休みは、ほぼ毎日企業のインターンシップに参加。今までの娘とは180度変わり、海外で働きたいという夢を持つようになったのです。そして今では、外資系のコンサルティング会社でバリバリと働いています。あの台湾での1ヶ月がなければ、こんな変化はなかったでしょう。もちろん研究者の道も娘にはあっていたと思いますが、今のほうがずっと楽しそう。ほんのすこし、今の環境から飛び出すことで、未来は何倍にも輝くのです。

LESSON

「変化が欲しいときは環境を変えること」

第5章

自分らしいライフスタイル、スタートはこれから

At age
64

ハレの町、銀座に住むということ

これまでの人生を振り返ってみると、20代は自分に自信がなく仕事も結婚生活もうまくいかなくて一番大変だったように思います。30代では、交通事故や詐欺事件を経験。40代、50代のころは育児や介護、仕事に奔走していました。

そして迎えた60代。

娘も就職して独立し、そろそろ自分らしさをなによりも大切にした暮らし方を考えるようになりました。そのひとつが、銀座に暮らすということです。

だいぶ長く「自由が丘の谷口令」としてやってきましたが、スクールやカウンセリングに来てくださる方にとって一番便利なところはどこだろう？　そこにいるだけで気分がアップする、ワクワクするような場所はないだろうか？　そう考えたとき、「銀座しかない！」と思ったのです。

銀座は、皆がおしゃれをしてワクワクした気持ちでやって来る、ハレの町。そこにいるだけで楽しくなる大人の場所です。いつかは暮らしてみたい、そんな想いを10年ほど抱いていました。

そんなある日、仕事でたまたま銀座に行ったときのことです。昼の3時に仕事が終わり、早い時間でしたがスタッフと一緒にお寿司屋さんへ入ることにしました。普段は長蛇の列ができる人気店に行ってみると、時間が良かったのかすんなり入ることができました。

そこで、せっかくだから銀座に住んだらどうなるだろうかと、妄想話で盛り上がった私たち。「オフィスを構えたらどうなるかしら?」「銀座に住んだらなにがしたい?」そんな話でとても盛り上がりました。

眠らないネオンを眺めながら〝オン〟の生活をするのもいいかも! と妄想はどんどん膨らんでいったのです。

しかもその年は、私にとって銀座への引っ越しは大吉方位!

よし! オフィスも自宅も引っ越そうとこの日をきっかけに決意しました。

でも決めたのはいいものの、なかなかいい物件は見つかりません。自分の中ではこのあたりがいいという場所があったのですが、空きは出ないし、出たとしても手が届かない金額。毎日、物件情報をチェックする日々でした。

すると、2月3日の節分が過ぎ、4日の立春になったとたん
「えええええ、昨日までなかったのにぃ」
なんと、手が届く物件が出てきたのです。運はスピード！　私はすぐに連絡を入れました。しかし業者の方は「すみません、今ほかの方が申し込んでいます」とお断りモード。その時点で4件の予約と、3件のキャンセル待ちがいたのです。
「でも、まだ決定ではないですよね！　その方が駄目になったらすぐ連絡をください」と私。運は諦めないことも大切です。

数日後、前の7件がすべてキャンセルになったと連絡がありました。私の想いの強さのせいか、引っ越すときはいつもこのような奇跡が起きるのです。だから、断わられても諦めない！　こうしてオフィスも自宅も、引っ越し先が見つかりました。やっぱり私には不

動産の神様がついている！

さあ、急に引っ越しが決まったので、問題は自由が丘のオフィスの解約手続きです。本当は退居の2ヶ月前には連絡しなければいけませんし、リフォームしていた内装もスケルトンに戻さなければならないので、これは間に合わないなと思っていたら、大家さんのほうから連絡が。「急遽お伝えしたいことがあります」と。

なんだろうと思って伺ってみると、区画整理でビルを壊すことが決まっていたらしいのですが、1年前に書類を渡すはずだったのを忘れていたという謝罪だったのです。つまり退居の2ヶ月前連絡も、スケルトンに戻す工事も全部問題なし！ こうしてとってもスムーズに、しかもスペシャルデーを選んで、銀座に引っ越すことができました。

LESSON

「運はスピード！ 諦めない想いが夢を叶える」

COLUMN

夢を叶える予祝とは

もうすでに、夢が叶ったこととしてお祝いすることを予祝《よしゅく》と言います。予祝をすると、より早く、より確実に夢が叶うというのが、私の経験上言えることです。

実は予祝とは、日本に昔からある夢の叶え方。たとえば春のお花見は、秋の収穫を前もってお祝いする行事、つまり予祝です。

銀座の物件を正式に申し込んだあとも、審査がとおる確率は50パーセントでした。そこでスタッフを集めて皆で銀座のお寿司屋さんに行き、予祝を決行。こんなことが起こったら楽しそう！　とありえないようなことばかり、話の風呂敷を広げて大盛り上がりでした。ノリのいいスタッフばかりで良かった。ここに一人でも否定的な人がいたら、そのエネルギーが伝染してしまいます。

私は予祝をするときは、必ず「お寿司」と「日本酒」と決めています。

お寿司は発展や希望のエネルギーがそなわる食べ物、日本酒はお神酒とも言われるように神様と繋がる飲み物だからです。

そして、ちょっと高級なお寿司屋さんを選びます。回るお寿司よりも大将が握ってくださるお寿司のほうが、よりおめでたい感じがするから。

そして、大切なのは食事中の会話。

実は私たちは、食べ物をいただくとき同時に言葉のエネルギーもいただいています。だから、食事のときはいい話、ポジティブな話をすることを意識してみてください。これで予祝の効果はバッチリです。

予祝したあとに叶った夢の数は、数えきれません。私も友達もつぎつぎと夢を実現しているのです。

ここで予祝をしたら夢が叶う！　というお気に入りのお店も見つけてください。

銀座に住んでから起きた変化

At age 64

老後は田舎で余生を過ごすという人もいれば、交通機関や医療体制が整った都心のほうが住みやすいという人もいます。私は便利で刺激のある都心に住むことに大賛成。

銀座に住むようになったおかげで、どこに出かけるにも時間はかからないし、昼と夜の予定の間に着替えてオシャレも楽しめる。美容院、歯医者さん、ネイルサロンなどもすべて歩ける距離になったのです。そしてなにより、ハレの町に暮らしていると心も体も元気になる！　人の心の周波数は、暮らす場所によって変わることをあらためて実感しました。

オシャレにも変化です。お家にいてもしょっちゅう出かけるので、いつもさりげないオシャレをするようになりました。昔はあまり履かなかったジーンズやリュックも新調。肩に力の入っていないシンプルでカジュアル、だけど上質なオシャレを楽しんでいます。

「カフェやホテルのラウンジは、私のリビングルーム」

これは風水インテリアの旅でウィーンに行ったとき、建築家の方から聞いた言葉です。ウィーンでは、家が狭くて集えない人々が集まる場所として、カフェの文化が発展したそう。ですから私にとって、銀座のレストランや老舗のお店はダイニング、一歩外に出ればそこはマイガーデンだと思っています。それに街のディスプレイを見れば、一流のスタイリストやデザイナーの知恵やアイディアを、無料で提供してもらえる。センスのいい環境に囲まれて、毎日刺激を受けながら暮らすことができています。

もちろんお客様の層も変わりました。自由が丘にいたころのクライアントはマダムたちが多かったのですが、銀座では経営者や銀座のママからのご相談が圧倒的に多い。知り合う人たちも、自分でなにかを成し遂げている前向きな方ばかりです。

そこで気づいたのは、成功している方は、家相や風水、風水インテリアをひとつの情報として使われている方が多いということです。もちろんまったく気にしないという方もいらっしゃいますが、あとで確認すると、自然と理にかなった家に住まわれているのです。成功者の〝勘〟なのでしょうか。

風水や家相、風水インテリアは古代の人が残してくれた学問、統計学です。

「こんな家の形だと、こういうことが起こりやすいですよ」

というひとつの情報。それらが、より良く生きるための知恵として残されているのです。せっかく先人たちが残してくれているのですから、住環境を整えるためには絶対使ったほうがお得。そんなことを、あらためて銀座の街で感じました。

さて、銀座に暮らすようになってもう4年が経ちましたが、ここで終わりではありません。銀座は、これからの夢を叶えていくためのプロセスとなる場所。こうして環境や場所に投資することは、自分の暮らしや人生に、新しい流れをつくること。

あらためて今、その影響力のすごさを感じています。

LESSON

「環境への投資は、自分の人生をつくること」

30年以上のお付き合い、親友は銀座のママ

At age 64

いつも刺激をもらえる、尊敬できるご友人はいらっしゃいますか？　アメリカのとある実業家の言葉に
「あなたは、もっとも多くの時間を共有している5人の人物の平均である」
というものがあります。これは確かに、と私も思うのです。

私には、もう30年以上の長い付き合いになる親友がいます。銀座の高級クラブ「昴《すばる》」の高田律子ママです。彼女とは、二人でパワーチャージにハワイまで行ったこともあるほどの仲。その前向きなバイタリティに、いつも刺激をもらっています。

律子さんは、今でこそ銀座で1、2の人気を争うクラブのママですが、知り合った当初はまだ二十代。水商売の道に進むかどうか迷っているときでした。私は彼女の九星を調べ

べて
「絶対に水商売で成功するからやってみたら」
とアドバイスしたことを覚えています。

そこから銀座のクラブでホステスをするようになり、8年間で3つのお店を経験して、3店舗目では雇われママとしてお店を任されるように。

でも30歳を目の前にしてすこし充電をと思い、海外への移住を考えたときのことでした。お店でいろいろなことが起こり、正義感の強い律子さんはどうしようか悩むようになります。

そこで私は、西へのパワーチャージで、気持ちに向き合う時間をとることをすすめました。

富士山を見て、すがすがしい気持ちになったという律子さん。浅間神社でおみくじを引くと、そこには「商売をせよ」と書いてありました。

そのおみくじは、今でも大切にとってあるそうです。


こうしてご自身のお店を持つ決意をした律子さん。お店の名前を相談されたとき、ちょうど私は娘のスバルを出産したばかりでした。そして、律子さんのお店にも同じ発音の「昴」

という名を贈ったのです。5月生まれの律子さんは、おうし座の人。昴はおうし座の中にある星で、すべてを「統《す》べる」という意味を持っています。お店に集まるお客様が、天空に輝く星のように、空高く上り詰め、輝ける人達であるようにという想いをこめた名です。

当時の銀座には横文字のお店が多く、とても珍しがられたそうです。

律子さんにとって、海外移住を諦めてまで産んだお店は子供同然。おたがいに、お母さんしかいないゼロからの子育てのスタートでした。子供の成長を一緒に楽しみましょう、と励まし合ってきたように思います。

さて、ある本の中に「最速の成長法則」という話題があったのですが、そこにはすでに成功している人、または成功するために一生懸命努力している人を友人に持つことだとありました。その理由は、そういう人を見ていると刺激になって成長できるから。あまりにも単純なことですが、これは真実だと思います。

表現は違っても、私がいつも考えていることと同じ。自分が付き合う友人たちは、人生の質を決める大きな要因です。それは友人たちの人生への取り組み方、考え方やお金の使い方、行動に大きな影響力があるから。

スポーツでも、ものすごく強いチームと戦うだけで自分たちのプレーレベルが上がり、逆だと下がってしまうと聞いたことがあります。

とにかく、私たちは付き合っている人に似てくるらしいのです。


そして、世の中には2種類の人がいます。

一つは「船の錨」、人のやる気をそいで動けなくする人。

もう一つは「モーター」、人を元気にして勢いよく動かしてくれる人。私はもちろん、モーターのような人でありたいです。

LESSON

「尊敬できる、刺激になる、そんな友人は宝物」

毎朝のルーティンが強運をつくる

At age 64

最近は、朝4時半に起きるのがすっかり日課になってしまっていました。風水では、卯の刻（5時から7時）が、一番朝の元気なエネルギーを吸収できる時間帯とされています。

とくに私は、目覚めてから起き上がるまでの時間を大切にしています。このとき、「宝の箱」を開ける第一波がやってくるのです。目覚めたばかりのボーっとしている時間は、潜在意識と顕在意識の壁がなくなり、繋がりやすい状態。ビックリするような発想が生まれたり、常識を超えたアイディアを思いつきやすいのです。私はこのときに、やりたい仕事、ワクワクすること、会いたい人、そしてこうなったらいいな！　と思うことを妄想してから、新しい一日をスタートさせるようにしています。

誰かの顔が浮かんだら、それも大切なメッセージ。起き上がってすぐその方たちにメールを送ることも日課です。

「宝の箱」を開ける第二波は、朝の散歩のときにやってきます。ただ外の空気を吸い込み、築地の波除神社から隅田川べりを歩くだけですが、いろいろなアイディアや考えが浮かんでくるのです。私の愛読書、『原因と結果の法則』の著者ジェームス・アレンや、作家の村上春樹さんも早朝に原稿を書くといいます。村上春樹さんはそれを
「意識の階段を地下深くまで降りていく」
というふうにおっしゃっていました。素敵な表現ですよね。偉大な発明や文学の発想の多くは、早朝に生まれているのかもしれません。
散歩帰りに築地により、食材を調達するのも楽しみのひとつ。新鮮で安くて美味しい食材の宝庫なのです。

そして帰宅してから、20年以上書きつづけているブログをスタートします。このときは、なにかと繋がっているような感覚で、勝手に書きたいこと、伝えたいことがわいてくるのです。あとで見返したときに、あら？　こんなこと書いたかしら？　と覚えていないことさえあります。仕事もプライベートもすべて書いているブログは、私の宝物です。
こうしているうちに、朝の8時ごろには仕事が終わってしまいます。そして日中は、人に会ったりインプットしたりする時間にできるだけ充てるようにしているのです。

銀座に暮らすようになってから、自分でシャンプーブローをすることをやめました。私は髪の量が多いので、どうしても時間がかかってしまいます。夜のお疲れモードなときに、この大仕事はとても大変。そのわりには翌朝、またブローに時間がかかってしまう。もうこの作業は、プロにお任せするしかないと決心しました。毎日通えるサロンはないかしら？そう思っていたとき偶然見つけた定額制のサロン。しかも我が家から5分で通える場所にあったのです。ということで、ほぼ毎日、お店のオープンと同時にシャンプーブローをしに行くのが日課になりました。

手間がはぶけただけでなく、サロンでの約1時間は〝私のための時間〟になりました。なんといっても雑誌が読み放題。最新号を片っ端から読むようになりました。いつもは手に取らない週刊誌から暮らしの本にいたるまで、今はすべてチェック済み。おかげで知らなかった知識が、常に入ってくるようになりました。

女性は、髪がきれいだとその日一日がすごく楽しくなります。おまけに最新の情報も手に入れられるので一石二鳥。これも、運を良くするコツですね。

最後に、メモの習慣について。私は自宅のリビングと寝室に、大きなメモ帳を置いています。なにか思いついたとき、魂にストンと落ちるような言葉に出会ったとき、すぐにメモをとるためです。

つい最近いいなと思ったのは「すべての壁は扉である」という言葉。たしかにそう！私の人生にも幾度となく壁が現れたけれど、それはすべて次のステップに進むための「扉」でした。こういう、いいな！　と思った言葉を山のように書き留めているのです。

デジタルではなく、手書きでメモをとるようにしているのにも理由があります。風水的にも自分で書くことは「物事の決定」を意味していますし、なにより手を使ったほうが、脳が刺激され心に入ってくるような気がするのです。

願いは言葉にすると叶うと言いますが、それも同じこと。頭の中だけで考えていても、体に信号は降りてきません。喋ることで骨が振動し、聴覚が刺激される。五感を使うことはとても大切なのです。

手帳にもこだわりがあります。手帳はスケジュールを管理するだけでなく、準備したり、計画を練ったり、夢を描いたりできるアイテムです。今はデジタルもありますが、やっぱり私はいつも自分のそばに置いて、時間があればいろいろなページを眺め、未来を妄想したり思いをはせたりする時間を楽しみたい。

そこでおすすめしたいのが、日曜日スタートのスケジュール帳を使うことです。なぜなら、日曜日は週末ではなく、次の一週間をうまく生かすための準備の日だと思うから。新しい一週間はなにをしよう？　そうやって出てきたアイディアを手帳に書き込むのが、私の日曜日の習慣です。

成功したい人はぜひ、日曜日スタートの手帳で準備しましょう。私のオフィスから毎年発売しているKaiunダイアリーも、もちろん日曜日スタート。自分の計画や夢が叶う魔法のアイテムになるはずです。

LESSON

「運は、毎日の習慣でできている」

神社に関わりたいという長年の夢が叶う

At age 65

60代半ばになると、いわゆる「シニア」の枠に入ります。すると「今後の夢はなんですか?」とよく聞かれるようになりました。シニアの夢といえば、豪華客船で世界一周? ゴルフ三昧? ブランド品に囲まれた暮らし? でしょうか。

私はどれも当てはまりません。物質的な充実よりも、心が喜ぶことに時間を費やしたい。そして、人の役に立ちたい。そういう想いが日に日に強くなっていきました。

そんなとき、ご縁があって出雲大社で神官の資格を取得することができたのです。

昔から、なぜか惹かれつづけている「神道」の世界。あらゆるものに神が宿るという八百万の考え方や精神性が好きです。世界の歴史を見てみると、宗教戦争はとても多い。でも私はなにを信じてもいいと思っています。その人の魂が成長するのなら、仏教でもキリスト教でもいいのではないでしょうか。その点、神道は八百万の神を信仰する自由な世界観。そこには、縄文時代から伝わる大切な精神が残っているような気がします。
理由はなくとも、なぜか神社に行くと気分がいいと感じたことはありませんか。風水では、エネルギーが下から上に流れる場所を「イヤシロチ」といいます。そこにいるだけで元気になり、パワーがわいてくる場所です。ほとんどの神社が、このイヤシロチに建っているので、ただそこにいるだけでパワーをいただけるのです。

そんな神社について学びたい、関わりたいと、昔からずっと思ってきました。一度、どうすれば神官になれるのか、とある宮司の奥様に聞いてみたことがあります。でもそのときは「それは絶対に無理ですから、考えないほうがいいですよ」と、とても強い口調で言われてしまったのです。なにか良くないことを聞いてしまったようで、それ以来、心の中に封印していたのです。

ですが、どうにかして関わりたいという気持ちは消えません。4年制大学に通うには時間もお金もかかるので難しい。ほかにいい方法はないだろうかと考えていたときでした。
私の易学の師で、出雲大社で神官の資格を取得された方が、短期間で資格を取得できるよう私を推薦してくださったのです。

「谷口さんはもう年齢的にも、経験的にも、ちょうどいいときかもしれませんね』と。出雲大社へ面接に行き、学びが許されたときには本当にうれしかった。

白衣と白袴を準備して、いざ10日間の修行が始まりました。朝から晩まで拭き掃除、理論の勉強、神様へ捧げ物をする神事の練習。とくにこの神事はずっと中腰の姿勢で、動きも細かい。なかなか覚えられず苦労しました。神様は、所作をものすごく大事になさるのだとわかりました。

こうして10日間の学びのあと無事に資格を取得。この資格は、建築工事を始める前におこなう「地鎮祭」も執りおこなえる資格です。実は衣装にもいろいろあって、サーモンピンク色の女性らしいものもあるんです。そろそろ私も注文しようかな。

LESSON

「願いを叶えるタイミングは必ずやってくる」

身近な日本の良さを伝えたい「一般社団法人国際日本文化協会」発足

At age 65

神官の資格を取り、あらためて日本文化への想いが強くなった65歳のとき。そろそろ、40年以上関わってきた神道や東洋思想、易学、気学、暦やしきたり、温泉など、日本の文化をお伝えしていきたいと魂レベルで深く思うようになりました。

日本の文化と一口に言っても、人間国宝の方がされている素晴らしいものだけではなく、身近にもたくさんあります。もちろん伝統工芸や伝統芸能などのホンモノをみることは非常に大切。けれども、築地に伝わるような庶民的な食文化や江戸文化だって、立派な日本文化です。

そんな見落としがちな日本の小さなモノ、コトから始まり、伝統食、伝統文化、着物、食器にいたるまで……。身近な日本の良さを、一人の日本人女性の視点でお伝えしていきたいと考えました。

そこで発足したのが「一般社団法人国際日本文化協会」。代表理事に就任し、全国から和風水や和暦などの講演やセミナーを頼まれることが多くなりました。

当然、着物を着る機会もぐっと増えてきましたが、実は着物も日本の風水なのです。まっすぐな体に、中心がずれないよう均等に左右の布を重ね巻いていく。左右が同じであることが大切で、これは陰陽にも通じます。

帯は自分の中心である大極丹田に巻き、帯締めの結び目、帯揚げ、衿合わせもすべて中心であることが大切。するとどうしても、背筋が伸び姿勢が矯正されます。

また、反物を袖、身ごろ、衿など八枚に分け、それらを繋いでいくことは、八方位のエネルギーを身にまとうこと。「八」という数字は宇宙の数とも言われているので、着物を着ることは宇宙の気を取り込むことでもあるのです。

私自身、着物を着るようになってから、自分の中のなにかが変わった感覚があります。1本の筋が通ったような感じでしょうか。心と体は連動していますから、体がピンとすると、心もシャンとするのです。

こうした感覚を、私たち日本人はDNAレベルで持っています。

和の文化を新たに気づくことができる機会を、これからどんどんつくっていきたい。日本に伝わるたくさんの知恵や知識を学び、世の中にお返ししたいと考えています。

LESSON

「日本文化には運が良くなるヒントがある」

COLUMN

神様のサインに気づく
神社日和

神社には、実はたくさんの神様からのサインが隠れているのをご存知でしょうか。神様から歓迎されているサインのことを「神社日和」と言います。

たとえば、神社で結婚式に遭遇した、雅楽の演奏に居合わせた、こういった出来事は歓迎のサインです。

一番わかりやすいのは、自然の変化。

・虹が出る
・天気が急に変わる
・雨が止んで青空になり、日がさす
・風もないのに木や葉が揺れる
・一輪だけ花が咲いていた

こういった変化は、神様からのサインです。

蛇、トカゲ、鳥、猫などの生き物と遭遇するのもサイン。まるで神様が案内してくれているかのように、先頭を歩いてくれることもあります。

また、御祈祷や神楽、巫女舞が始まるのも、わかりやすい歓迎方法です。

こうしてみると、これまでさまざまなサインが送られていたことに気づくのではないでしょうか。

鳥居をくぐった瞬間に目に入るモノは？

聞こえてくるのは？

どんな感じがしますか？

五感を使って、神様からの歓迎のサインを受け取ってみてください。

ついに実現！谷口令の私塾「令和塾」

At age 66

国際日本文化協会が発足して、約1年がたったときのことです。2019年4月1日、私は友人と静岡県下田市までパワーチャージに訪れていました。電車を待つまでの間、駅のカフェでひと休み。大好きな下田で、大好きな友人との至福の時間です。

するとビールを運んできたスタッフの方が「新しい元号は『令和』になったそうですよ」と教えてくれました。その瞬間、鳥肌が立ちました！ そしてその文字を見たとき、どれほどワクワクしたことでしょう。なんと、私の名前「令」の文字が使われているのです。目の前に、大きな希望が広がったのと同時に、この新しい時代に、なにか使命を与えられたような気がしました。

「初春の令月《れいげつ》にして 気淑《きよ》く風和《やわら》ぎ 梅は鏡前《きょうぜん》の粉《こ》を披《ひら》き 蘭は珮後《はいご》の香《か》を薫《かお》らす」

「令月」とは、陰暦2月のこと。「令」は「よい」という意味で、何事をするにもよい月、めでたい月を意味しています。

「風和」とは、風が和むとき。つまり気持ちのいい風が吹いている様子です。

「令和」の画数は13画。命名学によるとベスト5に入るくらい素晴らしい画数で、明るく華やかで学術や芸術の分野でたくさんの花が咲く時代を表しています。それはまさに「才色兼備」。美しく才能あふれる素敵な女性たちが活躍する時代だと、直感的に感じました。

その日、なんと1000人以上の方から新元号決定のお祝いメッセージをいただきました。

「谷口さんが浮かびました」

「これからのご活躍を楽しみにしています」

「時代が味方していますよ」

こんなにたくさんの応援をいただいて、やる気にならないはずがありません！　これはもう時代の波にのるしかない。時代を味方につけて、令和を素敵に生きるコツをお伝えしたい。私はもう何年もあたためてきた、谷口令の集大成となるような私塾の準備をスタートさせました。そして1ヶ月後の5月4日、想いに賛同してくれたたくさんの生徒が集まり「令和塾」が誕生したのです。

令和塾は月に一度、日本の文化を通してもっといろいろな知識を増やしていくという塾。和文化や伝統文化を、今の暮らしにどのように当てはめていくのか。知識だけではなく、いかに使っていくのかを学びます。これまでに、女形の河合雪之丞さん、筆談ホステスの斉藤リエさんなどの特別ゲストをお呼びしたり、日本舞踊や能体験、杉玉づくりに築地での握り寿司体験など、さまざまなプログラムを開催してきました。

伝統芸能は、参加者のほとんどが初体験。だからこそ、はじめは一流のホンモノの先生から学んでほしい。ホンモノに出会うことで、モノの見方、接し方、価値観を学ぶことができるからです。そして腑に落ちやすくもなります。

大切なのは、誰から習うのかということ。すこし背伸びをした上質な体験が、人生のステージアップを叶えてくれます。

LESSON

「令和は女性が輝く時代。上質な文化を体験しよう」

COLUMN

土地のパワーと、偉人の志

すべてのことに偶然がないとしたら、下田にはなにか特別なパワーがあるように感じます。私は明治維新の時代が大好きで、とくに吉田松陰先生の大ファン。下田は、幕末に日本で最初に開港した港で、黒船でやってきたペリーが最初に日本に上陸した場所であり、吉田松陰がアメリカに密航しようとトライした場所なのです。

新しい時代を開くパワーが、下田にはあるように思います。

そんな下田にいたとき、新元号「令和」の発表を知り、今こそあたためてきた私塾をやるときだ！　と決心したのは決して偶然ではないはず。吉田松陰の志をあらためて思い返しました。

吉田松陰が指導した松下村塾は、平民の子も、武士の子も差別なく教育をおこない、学問をただの学問として学ぶのではなく、いかに時代と結びつけて考え、対処していくかという生きた学問を実践する塾でした。その魂と魂が通じ合う人間教育は、ほんの短い間に高杉晋作をはじめ、60人あまりの時代を代表する人材を育てたのです。

私は風水カウンセリングカレッジを始めたころから、松下村塾を意識にしてきました。風水をただの学問としてではなく、知識だけに終わらせず、どう時代に合わせて使っていくのか？　そして、新しい時代へ移行するヒントをお伝えしたい。そんな想いでやってきたのです。

吉田松陰の志を、今度は女性のやわらかさで、これからの時代を良くしていくきっかけにしたい。

「令和」とは、まさにその追い風が吹く時代だと思っています。

地中海クルーズ旅行で起きたトラブル

At age 66

数年前の5月、方位学ではとても良い旅の月に、長期旅行の計画を立てました。だいたいは、リタイアしてから行く人が多いですが、私の場合は、元気で感性の豊かなうちに、吉方位で気候のいいときに、というのが判断基準。となると、今しかない！　というタイミングだったのです。

最初の計画では、地中海のマルタ島に1ヶ月間の語学留学をする予定でした。ですが情報も集め、申し込みもほぼ終わった段階で、一緒に行く予定だった方との都合が合わなくなりました。寮も二人部屋で仮押さえ中。変更するのがいろいろと面倒で、ふりだしに戻すことにしました。

実はこういうときは、「ほかにもっといい選択がありますよ」というサインです。だから、執着する必要はまったくありません。さて気を取り直し、すこしでも長く、遠くに滞在できるプランはないかしらと考えていると、偶然3人の方から地中海クルーズの同じような話を聞いたのです。

一人目は、旅慣れた男性。こんな面白い旅があるよとツアーの詳細を送ってきてくれました。二人目は、香港の友人。お嬢さんと行こうかしら、とプランを考えている模様。そして三人目は、ウィーンの友人。ご主人のご両親がはまっていて、とにかく楽しいから何度も行っているそう。よし決まり！　これは天からのサインそのもの！　こうして私は、地中海クルーズへ出かけることにしました。

方位は西。娘のスバルにとっても大吉方位です。二人で旅の準備を始めました。西は、金運や運を貯金することができ、毎日をワクワクにしてくれる方位です。西の運気貯金はあるときすごい利子がついて手元にやってくるという特徴があります。こうしてワクワクで準備を済ませ（英語の手続きは娘にお任せ）、11日間のパワーチャージに出かけました。

クルーズ旅行はバルセロナからスタート。イタリア、ナポリ、ローマ、リボルノ（フィレンツェ）、その後フランスのカンヌに立ち寄り、最後がスペインのマヨルカ島でした。どの土地も素晴らしかったのですが、とくに印象的だったのはカンヌ。さすがは高級リゾート地！　気がまったく違うのです。もちろん観光客も多いと思いますが、地元の人と思われる人たちのファッション、姿勢、スタイル、顔つき、すべてが美しい。思わずカフェでワインを飲みながら、マンウォッチングスタートです。女性はよく手入れされた髪、キラキラしたサンダル、もしくはぺたんこの靴。カジュアルな服は、紺色を中心に白や赤。停泊しているヨットもほとんどがその色。海の色、空の色とすべてがマッチしていて、そこにいるだけでハイセンスな調和の風が吹いてくるようでした。

船で過ごす時間も貴重な経験でした。4000人収容の船はまるで巨大ホテルのよう。お酒以外はほぼ無料で、アミューズメント施設も充実していました。船の上で、朝日を浴びながら食べた朝食は忘れられません。

しかし！　人生にハプニングはつきものですね。帰りの飛行機が遅れて、ドーハでの乗りかえに間に合わなくなりました。飛行機のシステムトラブルだったようです。なかには怒り出し、ツアーガイドさんに怒鳴っているグループもいましたが、私はなんてツイてるのだろうと思いました。だって飛び立つ前にトラブルが見つかったのですから。

結局その日はドーハに一泊することに。長い人生のうち、たった一日の予定なんてなんとか調整できるものです。おかげさまで一度は行きたいと思っていた、砂漠の国に滞在できました。

しかも用意していただいたホテルは5つ星、お食事も最高、もちろんすべて無料！　ただ困ったのは手荷物しか持っていなかったことです。化粧品もなければパジャマもない。しょうがないので、地元の大きなスーパーに買いものに行きました。これも楽しい経験でした。こうして11日＋1日のプレゼントをいただいて、地中海クルーズから無事に帰ってくることができました。

私の人生の中では、お家の設計、そして工事ミスでパレスホテル東京に11日間宿泊したときと同じくらい、楽しいハプニングの思い出です。これからの人生も、どんなハプニングとプレゼントが待っているのか楽しみにしておきましょう。

LESSON

「ハプニングとプレゼントはセットでやってくる」

大人のお稽古、バレエレッスン

At age 67

私の小さいころの夢のひとつに、バレリーナがありました。

小学生のとき、地方の小さなバレエスクールに通っていると、先生から「あなたの足の甲はパリオペラ座で踊れるわ」と、ものすごくオーバーに褒められたのです。なんだかうれしいけれど、よくわからずパリオペラ座って何県にあるの？　と思いながらも、その気になっていました。

しかし母は「バレエでご飯を食べるのは難しいからダメよ」と一蹴。でもどうしてもやりたくて、50歳を過ぎてから大人のバレエを始めたのですが、10年以上やっているのになかなか上達しません。原因はわかっています。気が入っていないのです。

ところがここ最近、私のＤＮＡを目覚めさせるある出来事があり、その途端にバレエスクールのクラスが、なんと私一人だけになったのです。通常なら10名から15名はいるのですが、コロナの影響もあって休まれる方が増え、完全なマンツーマン授業になってしまいました。

私のためだけのカリキュラムでレッスンが始まったのです。

「令さん最近ヒール履いてないでしょう？　お尻が下がっているからヒールを履いてね」
「一人でご飯を食べているときも見られている意識ね」
「手は肩甲骨から生えているのよ」
「ウエストから下は足よ、長い長いと呪文をとなえてね」

キレイになる日々の細かなレクチャー付き。効果が出ないはずがありません。こうしてたった1～2ヶ月で確実に変わっていきました。

私は、日本の女性たちは皆バレエをやったらいいのではと思っています。自分を美しく魅せる方法、ポーズ、美しくいようという意識、学ぶことがとても多いのです。

ちょっと意識するだけで、首がすっと伸びてデコルテが綺麗に見える。これが写真を撮られるときに、ものすごく役に立つんです。

さらに、ひとつのポーズをとるのに、足はこう、手はこう、首はこう、頭はこう、と同時にいくつも考えなければならないので、脳のトレーニングにもいいと思います。

美しくなりながら脳トレにもなるバレエ、いい先生のもとでぜひ始めてみてください。

LESSON

「気持ちひとつで成果は変わる」

出版の可能性は誰にでもある

At age 67

私のセミナーでは、叶えたい夢を書いていただくようにしているのですが、ほとんどの方のリストに入っているのが「本の出版」です。

しかしそこには必ず「でも……」という言葉もくっついてきます。「あなたには出版は無理」と否定されて悲しい思いをした。本を出したいけれど私には無理かも。皆そういう想いを抱えているのです。

私も昔はそうでした。今でこそ22冊の本を世に送り出すことができましたが、最初の出版に至るまでは本当に大変でした。なにもわからず出版社で門前払いされたことも、原稿を送ったけれど音沙汰ナシだったこともあります。

出版の夢を実現するにも、コツやノウハウがあります。

いつしかその方法をお伝えして、出版の夢を叶えてあげたいと思うようになりました。でも私は出版社ではない。こうなったら出版社をつくろうかしら？　本気でそんなことを考えていたときでした。

コロナが蔓延するすこし前、まだふつうに人と集まることができていたときのことです。出版とはまったく関係ない、気になる勉強会を見つけて参加しました。するとそこで、本当にいい出会いがあり、出版関係の方と意気投合。さらに、長年の友人であるフォトグラファーも同じことを考えていたようで意気投合。気づけば、編集、ライター、イラストレーター。夢を叶える出版チームができあがっていました。

出版のかたちには、自費出版やオンデマンド出版などがありますが、私は絶対に、書店に並び、Ａｍａｚｏｎでも取り扱ってもらう商業出版をおすすめしています。それは信用に繋がるから。とくに私のような仕事のジャンルでは、家を借りるときに断られるケースが多いのですが、審査のときに自分の著書を5冊ほど持っていくと、これが必ずパスできる。地方へ伺うときも、「こちらが、本を出されている谷口さんです」これがちょっとうれしい。もちろん、自費でもオンデマンドでもいいとは思うのですが、もうすこし頑張れば商業出版できる可能性はおおいにあります。

実際に昨年（2020年）は、1年間で5冊をプロデュースしましたが（2021年は7冊）、すべて商業出版で全国の書店に並びました。著者の方々はそれをきっかけに仕事や人生がステージアップ。重版もかかり、すっかり売れっ子になられた方もいらっしゃいます。

ですから、自分を小さく見積もることなんかありませんよ。今の世の中、絶対にヒット間違いなしというものが転んだり、〝まさか！〟というものがヒットしたりすることがよくあります。どんな人でも、たくさんの可能性に満ちあふれているということなんです。

出版プロデューサーの仕事をとおして、本を出したい方へその可能性をお伝えしていきたいです。

LESSON

「あなたも出版できる！自分の可能性を諦めないでほしい」

At age 67

風水からプロデューサーへ

「次は裏方として人をサポートしていきたい」。忙しさの中でも、その想いはどんどん膨らんでいきました。ですが、自分の仕事が楽しくて楽しくて、次のステージへ移行する機会をつかめずにいたのです。それがここに来て、コロナの影響もありステージ移行が早まりました。きっかけは出版プロデュース。著者さんと濃厚な打合せを重ねるうちに、今の私だからこそ誰かを輝かせることができると確信したからです。

昨年から何人かの方に頼まれて、起業や個人プロデュースもお引き受けするようになりました。最近は人に会うと、必ずと言っていいほどブランディングの相談をされます。

「もっと輝くにはどうしたらいいのでしょうか？」

「個人事業主のままでいいのでしょうか？」

「協会や会社をスタートさせたけれど集客できません」

こうした相談を受けていくうちに、気づいたのです。今まで私が通ってきた道、工夫してきた道が、すべて役に立つはずだと。その一環で、2020年には銀座フォト&デザインスタジオをオープンし、ヘアメイク、写真撮影、ホームページ、ブログ、ITコンサルなどをトータルサポートする体制を整えました。

なによりプロフィール写真は大切です。私は、プロフィール写真はそのときの自分の気持ちを外に出して、新しい未来をつくりだすものだと思っています。もちろん女優さんのような美しい写真も素敵ですが、一番大切なのは「この人に会ってみたい」と思ってもらえる一枚ではないでしょうか。自分では気づいていない、いつもとは違う魅力を引き出してくれるのもプロの写真の力です。きっとその一枚が自信に繋がり、その写真を見ているだけで元気がわいてきて、次のステージに進む勇気になるはずです。

プロフィール写真はあなたの未来をつくるものだから。

LESSON

「あなたが輝く見せ方がきっとある」

軽井沢との2拠点生活スタート

At age 68

いつのころからでしょうか。今の銀座での暮らしも気に入っているけれど、もっと私らしい暮らしを考えていくと、絶対に2、3拠点暮らしがしたい！　と思うようになりました。

最初に立てたプランは、銀座、香港、ミラノの3拠点。

香港には、毎年10回以上行っていて、現地に仲良しの友人もいる。お食事も美味しいし、かわいいものもたくさん。私にとって、とにかく元気が出る場所が香港です。

ミラノには2回しか行ったことはありませんが、自分の感性を磨くならここだと直感的に思いました。ただカフェに座っているだけで、洗練されたデザインが飛び込んできます。たった2回の滞在で、暮らすならここだ！　と思いました。

銀座のオフィスに香港とミラノ時間の時計を置いているのは、いつかここに住むという夢を自分にインプットさせるためです。

ですが、コロナとの共存が始まったことで予定を変更。まずは国内で拠点を増やすプランを考えました。

理想の場所は、できれば銀座とは正反対の環境。

都市と郊外、動と静、外食とお家料理、山と海。

本当は昔から、お料理もお掃除もゆっくり取り組んで暮らしを整えることが大好きでしたが、仕事が忙しすぎてすべてお手伝いさん任せにしてきました。でもそろそろ、丁寧な暮らしがしたい気分。

そんなとき、突然目の前に現れたのは、東京、軽井沢、福井で3拠点生活をされている素敵なアーティストさんでした。

えっ？　そんな人がいるの！　と興味津々な私。

「3拠点生活なんてぜんぜん普通ですよ」と言う彼女は、10年前から先取りでそんな生活をされていたのです。そして、もし軽井沢で家を探すなら、と素敵な不動産屋さんも紹介してくれました。時を同じくして、軽井沢生活をされている別の先輩から紹介されたのが、同じ不動産屋さん！　ここしかない。今だ！

俄然勇気がわいてきた途端に、軽井沢で素敵なお家がみつかり、すぐに契約してしまいました。しかもたまたま彼女のお家のご近所に。外観を一目見ただけですぐに契約を決めたものですから、不動産会社の方も驚かれていました。

私は不思議と、こうなりたい、ああなりたいと妄想をしていると、同じことを考えている人やすでに実現している先輩に出会うことがよくあります。

そんな方たちの話を聞くことでさらに夢が膨らみ、「よし！　私もいつか必ず！」と、これも夢を叶えるコツのひとつです。

もし叶えたい夢、ライフスタイルがあるのなら、それをすでに実現している人、自分の前を歩いている人の話を聞いてみてください。きっと、その未来のつくり方を教えてくれるはずです。

LESSON

「夢を叶えた先輩にコツを聞いてみる」

At age
68

新しい文化をつくる

さて、軽井沢に拠点を持つようになって数ヶ月が経ちました。ここは特別な場所です。もちろんいい意味で。この土地に暮らす人々の意識が、とても前向きなのです。そんな軽井沢から、情報発信をしたい！　という夢がやっと叶うときが来ました。

今年の6月15日、天赦日と一粒万倍日が重なる吉日を選んで、「谷口令KARUIZAWA ART STUDIO」をスタートさせました。ここから、私流の、地方だからこそできる情報発信をしていきます。アート、音楽、工芸、そしていろいろな作家さんと繋がり、軽井沢で暮らしている方との対談や本づくり、作家さんの展覧会などなど構想中。そして銀座と軽井沢を結んだ新しい文化をつくります。これからどんな出会いが待っているのか、夢は広がるばかりです。

さらにもう一つ。ここにきて、ずっとやりたいと思っていた新しい会社をスタートする予定です。女性のための会社「株式会社レイライフコーポレーション」です。

20回以上の引っ越し経験、土地から家を建てたときに得た知恵、1000件以上の家相相談の実績。これらをすべて活かした、女性の暮らしやビジネスを応援するための会社です。

私は、暮らす家や身を置く環境が大切で、もっとも人生を左右すると思っています。そこを女性目線でサポートし、その人らしい暮らしを提案していきたいのです。いよいよその夢が現実になろうとしています。

もうすぐ69歳。今が一番仕事も暮らしも充実していて、楽しくて仕方がありません。風水からプロデューサーへ、そして夢の2拠点生活と新しいプロジェクト。形は変わっていきますが、人を輝かせたいという想いは変わりません。これからも、今の私だからこそできるやり方で、人の心と暮らしをサポートしていきたいと思います。

LESSON

「夢は何歳になっても持っていていいし、何歳になっても叶えられる」

おわりに

運を動かす力は自分自身の中にあります

誰の人生にも、いいときもあればそうでないときもあります。でも長年生きてきて「すべては魂の修行のようなものなのではないか」と思ったことがあります。

私たちの魂は、最初は金平糖のような形をしていて、今世でいろいろな金平糖とぶつかり合いながら、角がとれて丸く磨かれていく修行の途中？　そういうイメージをしてみると、どんな出来事にも意味があるように思えてきます。

振り返れば、私のこれまでの人生は修行の連続でした。でもありがたいことに、いい出会いに恵まれ、たくさんの方に助けていただいたおかげで今があります。そして風水心理学を取り入れることで、一つ一つの夢を叶えることができました。

この本には、それらのコツをすべて詰め込みました。ひとつでも、心が動いたものがあれば、今すぐ生活に取り入れてみてください。なんといっても、運はスピード！　まずはやってみること、行動することが、運を動かすコツのひとつです。

するると、「未来は自分でつくれる」という、とってもシンプルなことに気づくはず。風水や九星気学はそのための道具であり、未来をつくっていくのは自分自身なのです。

最後に、今回の自伝は私がこれまで20年以上書いてきたブログをもとに編集したものです。もし興味がございましたら、ぜひ過去のブログもご覧ください。

そして、私はこれからもまだまだ変化、進化していく予定です。今後また、ピンチがあるかもしれませんし、どうやって新しい夢を叶えていけるのかもリアルタイムで発信していきます。ぜひ楽しみながら、眺めてくださるとうれしいです。

そしてなにより、この本を手に取り、読んでくださったすべての方が、今後ますます「運が味方してくれる人生」をつくっていけますように。これが今、私にとっての一番の願いです。

運を動かす力は自分自身の中にあります。

2021年9月吉日　軽井沢にて　谷口令

私の68年人生年表

本編におさまりきらなかった話も含めて、年表にまとめてみました。こうやって見ると、なかなか激動の人生を送ってきたようです。

1953　0歳

兵庫県生まれ
二人姉妹の長女として生まれる

1959　6歳

小学校入学
父の転勤の都合で転校を繰り返す
転校先でいじめられる幼少期を過ごす

1966　13歳

地元(仙台)の中学校入学
成績は常に上位で医者を目指すようになる

1969　16歳

都立高等学校入学
父が家を建ててからトラブルつづき
学業に集中できなくなり成績が下がる
占いに通うがネガティブなことばかり言われて落ち込む

1972　19歳

学習院女子短期大学英文科に入学
学費を稼ぐためにアルバイト三昧の日々を送る
夏休み限定で軽井沢の「竹葉亭」でアルバイト
慶応大学生と交際　学歴や家柄の問題で結婚が破断になる

1973	20歳	東京海上火災保険に就職
1974	21歳	気学の大家、宮田武明先生と出会う
1975 厄年	22歳	仕事に馴染めず挫折 お見合いもうまくいかず人生に悩む
1977	24歳	13回目のお見合いで結婚し寿退社 中目黒のモダンな新築の社宅で専業主婦生活を送る
1978	25歳	長男出産 家事育児に没頭する専業主婦 茅ヶ崎にマンションを購入
1984 厄年	31歳	最初の離婚
1985	32歳	家賃5万円のアパートに引っ越す 派遣のアルバイトを始めデパートでYシャツを売る IBMの試験を受け合格するが3ヶ月で退職 デパートに戻りレナウンの女性ブランド「イエイエ」で働く
1986	33歳	畑正憲さんの秘書からスカウトされレストラン「気まぐれキッチンムツゴロー」のマネジャーになる

1987	34歳	レストランが1年半で閉店 お金がないなかでも銀行に融資を頼み世田谷区野沢に小さなマンションを購入 第一生命の保険営業職に就く 営業に風水・九星気学の知識を取り入れて成績を上げ、品川支店営業所長になる 年収２０００万円台になり夢だった別荘を下田に持つ
1988	35歳	交通事故にあい顔と体に大けがを負う 事故の直前に出会った人と退院後に二度目の結婚
1989	36歳	7ヶ月で二度目の離婚　野沢のマンションを高額で売却 別れた元夫との年収証明証のおかげで世田谷区駒沢の高級マンションに引っ越す 自宅兼サロンとして風水心理カウンセリングをスタート すぐに軌道に乗り上層階へ引っ越す
1990	37歳	株式会社スターデーリー設立 カナダのバンクーバーに2ヶ月間の語学留学
1991	38歳	のちに娘の父となる男性と出会う アメリカ人の証券マンを追いかけ渡米　振られて帰って来る 百合ヶ丘の両親の実家を高額で売却

1992	39歳	鎌倉にマンションを購入 両親と娘の父になる人の両親の老人4人の介護生活 鎌倉のマンションを売り駒沢のマンションを退居 天王洲アイルに引っ越し若い女性たちに風水心理学を教えるようになる
厄年 1993	40歳	娘を授かる
1994	41歳	娘、スバルを出産　未婚のシングルマザーになる
1997	44歳	天王洲アイルから田園調布へ引っ越す 直前に大家さんからキャンセルされ急遽見つけた素敵なスウェーデンハウスに住む
2001	48歳	娘と一緒に1ヶ月半パワーチャージにハワイへ行く 帰国後も仕事も兼ねてハワイへ行くようになる
厄年 2002	49歳	ハワイでの様子を書いたブログをはじめての本『しあわせの扉』として出版 代官山のマンションにオフィスを構える 母が脳梗塞で倒れ介護生活が始まる お手伝いさんを雇う
2004	51歳	風水カウンセリングカレッジ開校

		オフィスを代官山マンションの高層階に移動
2005	52歳	自宅を田園調布から自由が丘のデザイナーズマンションへ引っ越す
2006	53歳	オフィスを自由が丘の自宅の隣のデザイナーズマンションへ引っ越す
2008	55歳	出版社から問い合わせがあり3冊連続で出版が実現 プロポーズされた男性とのハワイ挙式を直前にキャンセル
2009	56歳	自宅を目黒区都立大学のマンションへ引っ越す
2010	57歳	一般社団法人風水心理カウンセリング協会設立
2011（厄年）	58歳	スタッフとトラブルあり
2013	60歳	28年会っていない息子から娘と私にプレゼントが届く
2014	61歳	出版のために目黒区奥沢に新築物件を借りる 半地下の部屋に置いていたBagにカビが生え10ヶ月で退居 長野の仕事でご一緒したNさんがスタッフとして入社
2015	62歳	目黒区都立大学に土地から捜して一軒家を建てる 工事の不具合でkitchenhouseのキッチンに無料で取りかえて

もらえる
工事期間に夢だったパレスホテル東京に11連泊する

2016	63歳	娘がアメリカに1年間留学 自分が建てた家が『風水インテリア』という本になる
2017	64歳	オフィスと自宅を銀座へ引っ越す 都立大学の家を素敵なファミリーに売却
2018	65歳	娘が外資系コンサルティング会社に就職 出雲大社で神官資格を取得　一般社団法人国際日本文化協会設立
2019	66歳	令和の始まりと同時に令和塾を開く 地中海クルーズ旅行で飛行機のトラブル　ドーハに1泊することができた
2020 厄年	67歳	出版プロデュース、女性起業塾、谷口令 銀座フォト&デザインスタジオをスタート
2021	68歳	軽井沢の戸建て物件を契約　銀座と軽井沢のデュアルライフをスタート 『谷口令 KARUIZAWA ART STUDIO』をオープン 女性のための不動産関係の仕事を計画中
2022	69歳	これが、私の68年間の歩みです。60代になってからの変化が特に多い！　今後もひきつづき、激動の楽しい物語がつづいていきそうです。

PROFILE

谷口 令

TANIGUCHI REI

株式会社スターデーリー「谷口令オフィス」代表取締役社長
20歳の時、偶然出会った風水気学の大家・宮田武明氏に師事。学習院短大英文科卒業後、東京海上火災保険（現東京海上日動火災保険株式会社）入社。外国業務部勤務。IBM、レナウンのOL時代を経て、第一生命品川支店営業所長、畑正憲氏のレストランマネージャーなど多彩な分野での経験を積む。その後、風水・気学コンサルタントとして独立し、1990年に株式会社スターデーリー「谷口令オフィス」を設立。多彩な経験を活かしながら風水気学に心理学を取り入れたメソッドは、その人の持つ可能性やチャンスを成功につなげ、国内外で3万人以上にのぼるクライアントから支持される。経営コンサルティングから恋愛、生きがいなどの相談、講演、執筆、また命名など幅広く活動している。また、国際日本文化協会を立ち上げ、日本の文化を世界に発信。
・風水心理カウンセラー・風水インテリアアドバイザー・風水心理カウンセリング協会理事長・企業、お店向け風水アドバイス（デザイン、インテリアアドバイス、商品企画、商品戦略、成功するセミナー、経営コンサルティングなど）・個人向け風水プロデュース（もっと幸せになるためのアドバイス、個人カウンセリング、開運セミナーなど）・風水、豊かな暮らしに関する執筆・風水スクール主宰・出版プロデュース・商品開発など、多岐に活躍。

谷口令公式LINE　ぜひご登録ください！
https://lin.ee/2j2F4QR

谷口令のブログ
https://ameblo.jp/taniguchirei

運《うん》を動《うご》かす力《ちから》

自分《じぶん》を信《しん》じれば奇跡《きせき》が起《お》きる

著者　谷口《たにぐち》令《れい》

2021年9月23日　初版発行

発行者　磐﨑文彰
発行所　株式会社かざひの文庫
〒110-0002　東京都台東区上野桜木2-16-21
電話／FAX 03(6322)3231
e-mail : company@kazahinobunko.com
http://www.kazahinobunko.com

発売元　太陽出版
〒113-0033　東京都文京区本郷3-43-8-101
電話03(3814)0471　FAX 03(3814)2366
e-mail : info@taiyoshuppan.net
http://www.taiyoshuppan.net

印刷・製本　モリモト印刷
装丁　BLUE DESIGN COMPANY
編集協力　山下美保子
撮影　東山アオイ

ISBN978-4-86723-054-1